U0797575

YINGKE® 盈科

盈科全国业务指导委员会系列丛书

开源软件
合规与法律指南

盈科律师事务所 / 编
郭卫红　姜斯勇　葛若芸 / 著

OPEN SOURCE SOFTWARE COMPLIANCE
AND
LEGAL GUIDELINES

法律出版社 LAW PRESS · CHINA
北京

图书在版编目(CIP)数据

开源软件合规与法律指南 / 盈科律师事务所编 ; 郭卫红, 姜斯勇, 葛若芸著. -- 北京 : 法律出版社, 2023
ISBN 978-7-5197-8148-4

Ⅰ. ①开… Ⅱ. ①盈… ②郭… ③姜… ④葛… Ⅲ. ①软件开发-科学技术管理法规-中国-指南 Ⅳ. ①D922.17-62

中国国家版本馆 CIP 数据核字(2023)第 219669 号

开源软件合规与法律指南
KAIYUAN RUANJIAN HEGUI YU FALÜ ZHINAN

盈科律师事务所 编
郭卫红 姜斯勇 葛若芸 著

策划编辑 朱海波
责任编辑 朱海波
装帧设计 汪奇峰 臧晓飞

出版发行 法律出版社
编辑统筹 法律应用出版分社
责任校对 蒋 橙
责任印制 刘晓伟
经 销 新华书店

开本 710 毫米×1000 毫米 1/16
印张 14 **字数** 240 千
版本 2023 年 12 月第 1 版
印次 2023 年 12 月第 1 次印刷
印刷 天津嘉恒印务有限公司

地址:北京市丰台区莲花池西里 7 号(100073)
网址:www.lawpress.com.cn
投稿邮箱:info@lawpress.com.cn
举报盗版邮箱:jbwq@lawpress.com.cn

销售电话:010-83938349
客服电话:010-83938350
咨询电话:010-63939796

版权所有·侵权必究

书号:ISBN 978-7-5197-8148-4
定价:56.00 元
凡购买本社图书,如有印装错误,我社负责退换。电话:010-83938349

盈科全国业务指导委员会系列丛书编委会

总 主 编 李 华

出版统筹 郭 琪 丁 萌 张思媛 张静彤

本书编著者

郭卫红 姜斯勇 葛若芸 著

YINGKE® 盈科

序　一

我与郭卫红律师相识多年，郭律师一直在数据合规、信息安全等领域的法律实务工作中进行深耕。她不仅在实务工作上孜孜不倦地努力，也常常对法律问题进行深入地思考和总结。

这次恰逢郭律师的新书出版，很高兴能够为之作序。开源软件对于我国的科技发展，特别是对于芯片设计、操作系统、人工智能算法等关键领域的技术发展具有重大的推动作用。《中华人民共和国国民经济和社会发展第十四个五年规划和2035年远景目标纲要》中明确指出：支持数字技术开源社区等创新联合体发展，完善开源知识产权和法律体系。我本人的主要研究方向为知识产权法与科技创新政策，近年来也经常接触到开源软件的疑难法律问题，深知相关领域的法律规范还未成熟，尚有大量司法实务中的问题还未形成明确的标准和共识。因此，系统梳理和研究开源软件相关的知识产权和法律问题，对于产业发展和立法完善具有重要的理论和现实意义。

本书是少有专门针对开源产业的法律实务专著。本书作者基于在开源领域丰富的法律与合规工作经验，就目前实务界普遍遇到的重大问题进行了详细的论述，如开源许可证的法律性质、使用注意事项和指引、司法裁判规则、争议解决指导、合规管控治理等。

本书的出版填补了开源领域法律实务研究的空白，为集团企业规范使用开源软件提供了管控治理指引，为产业人士的研发工作提供了使用风险排查指南，为法律同仁提供了解决实务问题的观点与方案，同时也为开源产业的健康长远发展贡献了法律智慧。

本书将为我国开源领域的法律实务研究建立良好的开端，也期待郭律师在法律实务研究之路上撷取更多成果！

吕 磊

中国科学院科技战略咨询研究院

中国科学院大学知识产权学院

2023 年 12 月 22 日

序　二

关于开源,国内是在2021年因开源首次被列入“十四五”规划纲要后,开始得到广泛的关注。但事实上,开源产业本身已经发展了数十年,自从有代码后不久就有了“开源”,一直发展到绝大部分的软件是建立在开源代码基础之上的。可以说,没有开源代码,就没有现在软件应用行业的繁荣。

笔者作为国内第一批从事网络与数据合规业务的法务和律师,基于系统和软件是数据的载体,使用开源代码的软件的安全与合规是网络数据合规的基石,因此在日常工作中经常需要对系统、软件进行合规评估。笔者自2018年起开始为客户提供开源软件法律咨询与争议解决服务,当时正值国内开源行业发展期,无论是初创企业还是千百亿体量的巨头纷纷在技术上全面拥抱开源,并越来越重视对上游开源社区和开源基金会的投入和贡献。

自2019年开始,随着数字经济的发展,中国作为数字化发展的大国,企业对开源软件的运用和依赖程度越来越高,但随之而来的是,“开源软件大部分为舶来品,因此存在被断源的风险”“企业有意或无意使用了受传染开源代码或者内部对开源软件不可控的情景引发了大量的争议”“开源协议的法律含义因各地立法和管辖的不同存在争议”等各种问题。在数字经济时代,数据离不开软件应用的驱动,软件的安全合规性决定了很多企业的立身之本。然而要解决开源安全合规问题与笔者在数字产业遇到的其他问题一样,都存在技术和法律的双维度理解差异,所以很多企业虽然意识到了开源软件应“可知、可管、可控”并发起相应项目,但受限于技术人员不了解法律,法律人员不了解技术的壁垒问题,在公司内部实际开展中并不顺利,监管部门在实际监管中也遇到同样的问题。

笔者所带领的团队可能是国内第一批具有开源软件实务经验的团队,有幸参与多个行业头部企业的开源软件治理以及立法、执法部门的专项研讨工作。目前由于开源行业的复杂性及法律法规尚未明确，市面上也缺乏从实务角度出发，而非纯理论探讨视角的，针对开源产业展开较为系统的法律解读以及能够为实务界带来较为清晰的合规指引。因此在多个开源行业从业者的提议和支持下，本人萌生了出版该书的想法，也吸纳了很多相关从业者的建议。希望本书能够为技术和法律人员提供一本开源软件合规的入门普及实务书籍，为法律和技术人员打破专业语言壁垒，并为企业及相关从业者在开展相关工作时提供实务参考。

目前开源行业法律法规有待完善，因此从业者之间存在对某些观点不一致的情况很正常，实务中有些做法也已经得到通识，希望本书的出版，能够为开源产业的健康有序发展提供助力，为产业人士以及法律同仁提供些许助益，如若能此，便不胜欣喜。

郭卫红

2023 年 12 月 27 日

上海

目录

第 1 部分

走进开源世界

第 2 部分

开源软件之法律合规风险

第1部分

走进开源世界

第一章　开源软件相关名词释义

作为软件行业的一个新兴领域,开源相关的专有术语还未得到完全普及。为了方便读者理解本书内容,我们首先对以下开源软件相关名词进行解释:

开源许可证(Open Source License):通常被认为是许可合同,通过它,版权拥有人明确允许用户在一定条件下可以免费地复制、修改、再发布版权软件。软件开源必须明确地授予用户开源许可证。

复制(Copying):按照通常理解,复制开源软件是将软件通过某种方式制作成相同的一份或多份的行为。

修改(Modification):通常是指对源代码作出一定改动的行为,但具体类别的许可证对修改的定义可能有细微区别。

自用(Internal Use):又称为“内部使用”,即修改源代码后在个人及组织内部使用,而不向外部公开。与之相对应的使用规则即为“分发”。

分发(Distribution):是指将许可证下的代码公开给特定第三方。通俗理解,分发就是把程序卖给对方、寄给对方、发给对方、拷给对方、让对方下载,或帮对方安装等。

发布(Release):即广义上的开源,是指对外向不特定的人员公开。

商业性使用(Commercial Use):是指将许可证下的代码和衍生品用于商业目的。

聚合:是把多个单独的程序组合,并分布在同一个 CD-ROM 或其他媒介中。[1]

① 参见自由软件基金会:《关于 GNU GPL 第 2 版的常见问题》,载 GUN 官网 2021 年 12 月 29 日,https://www.gnu.org/licenses/old-licenses/gpl-2.0-faq.html。

再许可(Sublicense):是指再许可人将从他人处获得的许可,以相同的许可条款转许可给另外的第三人。

重新许可(Relicensing):是指自上游获得的开源软件,以新的条款许可给下游。

贡献者(Contributor):是指对某个开源软件或项目提供了代码(包括最初的或者修改过)的人或实体。按照贡献的先后可分为"创始人"和"参与者"。

传染性(Infectivity):按照通常理解,是指要求原始开源软件的修改部分或衍生部分也必须以相同或相似的许可证进行许可。不同传染性许可证影响的范围不同。

兼容性(Compatibility):是指拥有不同许可证的开源软件能在同时不违反所有开源许可证的前提下进行合并或者融合。

衍生模块(Derivative Works):是指依托或包含最初或从他处获取的开源代码而产生的代码,是对源代码模块的增强、改善和延续。

独立模块(Separate Module):是指参考或借助源代码开发出来的独立的,不包含、不依赖于源代码模块的功能模块。

专利授权(Patent Licensing):是指开源方将与开源软件相关的专利授权给使用方。根据开源许可证的不同,专利授权的内容也不同。使用方仅能使用已明确授权许可的专利,若使用未完全明确专利授权的则可能涉及专利侵权。

专利权报复条款(Patent Retaliation Clause):是指若开源软件使用者向任何其他第三方提出侵犯其专利的主张或诉讼,开源软件开发者或权利人对该软件使用者的专利授权也会反向终止。

保留声明(Reservation Statement):通常是指开源许可证规定必须保留作品源码中的所有版权、专利、商标和归属声明,未保留的将涉及侵权。

修改声明(Modification Statement):是指规定了对开源软件作出修改后需提供修改声明或附加修改说明的条款。

免责条款(Disclaimer of Warranty):通常是指由于开源软件一般供社会公众免费使用,因而权利人也不对开源软件承担任何类型的责任担保,包括软件的质量、性能在内的风险全部由被许可人来承担。

Source Code：指各种语言写成的源代码，通过 Source Code，结合文档可以了解到整个软件的体系结构，具体到某个功能函数的实现方法等。

Object Code：指 Source Code 经过编译之后生成的提供各种接口供他人使用的目标码。

第二章　行业观察:开源的“前世今生”

第一节　开源的起源

一、何为“开源”

(一)定义

开源,即开放源代码(Open Source Code),也称为“源代码公开”,是一种软件发布模式。开源软件(Open Source Software)又称“开放源代码软件”,是一种可以获取源代码的计算机软件。开源软件版权持有人在通过软件协议保留一部分权利的前提下,允许用户学习、修改以及向他人分发该软件。

(二)特征

开源软件起源于自由软件运动,后来因为容易产生歧义,让人误解开源软件全部是自由免费使用的,所以才开始采用“开源”的概念。因此开源软件既区别于自由软件,也区别于免费软件。

(1)自由软件与开源软件的主要区别在于共享。如果软件使用方对自由软件的源代码进行更改并希望共享,一般应将这些更改同步给原始的软件项目;而开源软件则通常没有这种限制。尽管存在差异,自由软件和开源软件也具有一些共同的价值,实践中二者经常合并成一个词语——自由和开源软件(Free and Opea Source Software, FOSS)来使用。

(2)虽然开源软件一般会免费提供源代码,但这并不一定意味着会免费赠送可执行软件。例如,免费拿到的 Linux 源代码要转换成可运行的代码需要付出相应的专业知识、时间,还需要有服务器。

(3)此外,开源软件还是一种协作式软件。与闭源软件相比,开源软件能让更多人加入共创,并帮助软件不断迭代。在围绕开源项目聚合的社区中,开源的开放式协作、透明性和灵活性使得任何有能力的人都可以加入并贡献代码。依靠社区生产和同行评审来大规模协作,开源代码不断得到检查和改进,进而为最终用户创造更可持续的软件开发体验。

二、开源的发展历程

开源的历史就是互联网的历史。早在20世纪五六十年代,开发早期互联网技术和电信网络协议的研究人员就十分倚仗开放的协作式研究环境。现代互联网的根基——阿帕网(ARPA Net)十分推崇同行评审和开放反馈流程。用户组互相共享源代码,使用论坛促进对话,并为开放通信与协作制定标准。到20世纪90年代早期互联网诞生之时,协作、同行评审、通信和开放性的价值就已写入了它的底蕴之中。

(一)“软件自由”风潮的兴起

1. 软件之前就已存在共享技术

自由分享技术信息的概念早在计算机出现之前就存在了。例如,在汽车发展的早期,一家企业拥有双循环汽油发动机专利(又称塞尔登专利),通过控制这项专利,他们能够垄断这个行业。

1911年,独立汽车制造商亨利·福特(Henry Ford)在对塞尔登专利的挑战中获胜。后来,美国机动车制造商协会成立。协会对所有美国汽车制造商提出了一项要求:公司开发技术并申请的专利在所有制造商之间公开共享,不需要任何金钱交换。

2. 20世纪五六十年代的自由软件

自由和开源软件的第一个例子被认为是1953年Remington Rand公司UNIVAC部门开发的开源软件A-2系统,它可以把源代码一起提供给客户。后来,几乎国际商业机器公司(International Business Machines Corporation,IBM)

所有的大型机软件都分发了源代码，如 IBM 701 的用户组 SHARE，以及数字设备公司的用户组 DECUS。一些大学的计算机实验室甚至制定了一项政策，要求所有安装在计算机上的程序都必须带有已公布的源代码文件。

3. 自由软件的最初衰退

到 20 世纪 70 年代末 80 年代初，软件公司开始例行收取软件许可费，将软件作为“程序产品”进行营销，并通过版权、商标和租赁合同对新的软件开发施加法律限制。1979 年，AT&T 公司决定通过出售 Unix 系统获利，并开始强制执行其许可证。1983 年 2 月 8 日，IBM 发布公告宣布不再随购买的软件分发源代码。为了增加收入，软件公司的普遍做法是停止分发源代码，而只分发从源代码编译出来的可执行机器代码。

4. 自由软件运动的发起

1983 年，理查德·斯塔尔曼(Richard Stallman)发起了 GNU 项目，旨在成立一个不受商业限制的自由软件系统。接着他在 1985 年成立了自由软件基金会(Free Software Foundation，FSF)，并发明了一种保护版权作品自由状态的法律机制(Copyleft 机制)，在 GNU 系统中加以实施。

(二)开源商业化的初探索

20 世纪 90 年代中后期，当许多基于网站的公司开始起步时，自由软件成为网络服务器的流行选择。

1997 年，埃里克·S. 雷蒙德(Eric Steven Raymond)发表了《大教堂与集市》，对自由软件原则进行了深入分析。这篇论文成功促使网景通信公司将其流行的网景通讯器互联网套件作为自由软件发布。

1998 年 1 月，自由软件运动中的部分人士在针对网景公司发布的 Navigator 源代码进行集会时，首次使用了“开放源码”的标签。

到 20 世纪 90 年代末，在网络泡沫和开源软件驱动的 Web 2.0 背景下，“开源”一词在公共媒体中获得了很大的吸引力，并逐渐被软件行业所接受。

(三)开源软件的正式诞生

1998 年，埃里克·S. 雷蒙德等人创立了开放源代码促进会(Open Source

Initiative,OSI),并提出了“开源软件”这一用语,随后被大众广泛接纳。

自20世纪90年代以来,以开源编译器和/或解释器的形式发布主要的新编程语言已经成为常态,包括1991年的Python、1995年的Ruby和2003年的Scala。

(四)开源迎来开放核心时代

在北桥公司(North Bridge)和黑鸭子软件(Black Duck Software)发布的《开源软件的未来》的调查中,超过78%参与调查的企业表示其依赖于开源软件,只有不到3%的企业表示不使用任何形式的开源软件。

1. 开源国际现状和趋势

2000年之后,移动互联网、云计算等不断发展,新一代互联网公司业务呈“井喷”趋势,云计算基础架构的开源项目应运而生。以OpenStack、k8s、Ceph等为代表的新生代开源技术催生了开源基础设施基金会和云原生基金会,云计算、边缘计算、云原生应用等领域的开源项目持续孵化和运营。

随着开源软件托管和协助平台的普及,开源全球化协作和共创的沟通成本大幅下降。根据欧盟委员会对于开源项目的调研,2018年欧盟境内的公司在操作支持系统(Operation Support Systems, OSS)方面投资约10亿欧元,为欧洲经济带来了650亿~950亿欧元的影响。这项调研分析估计了超过1:4的成本效益比例,并且预测10%的OSS贡献增量将会每年产生0.4%~0.6%的额外国内生产总值(Gross Domestic Product, GDP),以及每年在欧盟境内增加超过600家额外的信息与通信技术(Information and Communications Technology, ICT)初创企业。

2. 开源国内现状和趋势

20世纪90年代后期,随着国内互联网的建立,Linux和GNU周边的大量的开源软件一起被引入,开源逐渐在国内兴起,国人参与软件汉化和对Linux的核心贡献也时有出现。

进入21世纪之后,随着移动互联网、云计算技术在国内的普及,以云计算、云原生为代表的开源软件在国内进行商业化探索,一批基于OpenStack、k8s、

Ceph、Hadoop 等分布式开源技术的初创企业涌现。在国内新兴的互联网公司和初创开源技术栈企业的共同推动下，开源软件在国内的应用得到了快速发展。

近年来，开源主体逐步从个人向企业转变，越来越多的企业和组织积极参与到开源生态建设中来。在使用开源软件的基础上，国内企业也逐步深度参与到国际顶级的开源基金会和开源项目中，从参与者逐渐变成项目的核心开发者。部分国内企业更是进一步成为开源项目的发起者，一批由国内开发者主导的开源项目涌现，有不少开源项目已逐渐获得国际开源从业者的认可和支持。

此外，第三方中立支持开源项目孵化的组织和基金会也开始在国内兴起，如开放原子开源基金会、木兰开源社区、白玉兰开源、开源中国等组织。这些组织通过对开源技术、开源文化、开源社区治理、开源商业化等方面的探索，引入了一批有质量的开源项目孵化来支撑开源在国内的落地。

从政策法规角度来看，开源、开放已成为《中华人民共和国国民经济和社会发展第十四个五年规划和 2035 年远景目标纲要》（以下简称《“十四五”规划》）的主旋律。《“十四五”规划》明确要“支持数字技术开源社区等创新联合体发展，完善开源知识产权和法律体系，鼓励企业开放软件源代码、硬件设计和应用服务”，并将此作为加强数字技术创新应用的关键。工业和信息化部也提出了针对《“十四五”规划》开源生态设计的“建设 2～3 个有国际影响力的开源社区，培育超过 10 个优质开源项目”的目标。

第二节　开源组织与社区

开源组织主要为运作开源软件项目的团体提供多维支持，如 Apache 软件基金会（Apache Software Foundation，ASF）专门为保障 Apache 项目成立。

开源社区一般依托开源项目自然形成，聚集一批对开源项目感兴趣的人，主要进行代码协作、开源讨论、社区决策等工作。开源社区在推动开源软件发展的过程中起着巨大的作用，目前全球已形成大批以技术为中心的特色开源社区。

一、国内开源组织

近年来,我国政策关注开源组织和开源社区发展。从国家层面鼓励产业加大开源投入,如国家发展和改革委员会发布的《"十三五"国家信息化规划》,推动龙头企业和科研机构成立开源技术研发团队,支持开源组织和社区创新发展。

(一)开放原子开源基金会(OpenAtom Foundation)

1. 简介

2020年6月,开放原子开源基金会由阿里巴巴、百度、华为、浪潮、360、腾讯等联合发起成立,是目前国内领先的开源软件基金会,致力于开源产业公益事业。

开放原子开源基金会的服务范围包括开源软件、开源硬件、开源芯片及开源内容等,为各类开源项目提供中立的知识产权托管,保证项目的持续发展不受第三方影响,通过开放治理寻求更丰富的社区资源的支持与帮助,包括募集并管理资金,提供法律、财务等专业支持。

2. 组织结构

开放原子开源基金会的议事机构是理事会,负责审议和修改基金会章程等。理事会设理事长、副理事长和秘书长,从理事中选举产生,理事长是基金会的法定代表人。

技术监督委员会是中立的技术决策机构,负责开放原子开源基金会技术相关的决策、项目孵化的评审等。

秘书处是开放原子开源基金会的执行机构,负责基金会日常运营事务等相关工作,由专职的团队提供法务、营销、社区运营、基础设施建设等支撑工作。

3. 基金会服务

(1)基础服务

接受捐赠:作为独立的法人实体,可接受个人、机构或公司的捐赠,并能够确保这些资源将用于开源公益事业。

资助项目:为项目提供专有账户并筹集资金用于项目的宣传推广,可根据合同向主要开发人员提供资金支持等。

商标保护:保护开放原子(OpenAtom)等商标品牌适用于相关的开源项目,免遭其他组织滥用。同时针对捐赠项目提供版权许可和执行、合规审查等服务。

行政管理:根据相关法律,非营利机构需要有对应的组织架构,如理事会、秘书处等对基金会进行管理,并维护基金会的日常运营。

(2)法律服务

开源法律咨询与支持:提供项目相关的开源许可证兼容、法务合规意见等;提供开源相关的诉讼支持,如组织专家研讨、法庭之友意见等。

知识产权咨询与支持:提供项目知识产权挖掘和代理咨询,如商标、专利确权意见等;知识产权分析与运营,如文件传输协议(File Transfer Protocol, FTP)、第三方侵权风险评估等;构建知识产权联盟,如专利池、交叉许可等。

其他法律服务:沟通连接法律学界、实务界与产业界,面向公众提供开源相关的法律普及和布道,如社区活动、讲座、研究报告等。

(3)互联网技术(Internet Technology, IT)基础设施服务

托管维护:为基金会、服务项目提供社区、代码维护等服务,提供云资源、托管工具或平台服务对接。

开发和运维:为项目的社区运营开发和提供工具,在项目生命周期提供资源管理,提供选举、投票、审计等工具。

账户系统:建立自治激励的开发者成长系统,为开发者提供跨平台的账户管理和聚合登录服务;提供身份的验证中台服务。

项目测试:为项目的孵化、毕业作代码安全检测,提供安全分级认证服务。

(4)社区运营管理

活动策划:为开发者打造丰富的社区活动,包括协助或主持社区技术沙龙、行业峰会、安全攻防演习、社区互动、技术研讨会议、海内外技术交流等。

建立体系:为开源项目技术社区的开发者提供良性发展的生态,打造以开发者为中心的高效成长体系。

推广和传播：开源的推广和传播，包括但不限于开源周边文化产品的开发和运营，纪录片、图书出版与翻译等。

4. 基金会的开源项目

根据官网介绍，目前开放原子开源基金会已孵化运营众多开源项目，包括：

XuperChain：即百度超级链，项目启动于 2018 年。2020 年 9 月，百度超级链成为首个捐赠给开放原子开源基金会的项目。核心初创团队为百度超级链区块链实验室。据不完全统计，其已在智慧政务、智慧医疗、智慧能源、智慧司法等十多个领域落地，在上百个外部业务中使用。

ZNBase（现为 KaiwuDB）：由浪潮捐赠，是一个云原生分布式数据库，采用去中心设计架构，每个节点都参与运算和存储，拥有事务强一致性、无限横向扩展、多中心数据同步、多副本高可用以及国产化安全可靠等特性，并提供数据库自动部署、自动备份、自动容灾、数据恢复以及监控等能力。

OpenHarmony：即华为鸿蒙，采用组件化设计方案，可根据设备的资源能力和业务特征进行灵活裁剪，满足不同形态的终端设备对于操作系统的要求。该项目打通了多种终端，使得应用程序的开发实现与不同终端设备的形态差异无关，降低了开发难度和成本。

Pika：由 360 数据库管理员（DBA）和基础架构组联合捐赠的类 Redis 存储系统，是一个可持久化的大容量 Redis 存储服务，兼容 string、hash、list、zset、set 的绝大多数接口，解决 Redis 由于存储数据量巨大而导致内存不够用的容量“瓶颈”，并可像 Redis 一样，通过 slaveof 命令进行主从备份，支持全同步和部分同步，同时提供迁移工具。

TKEStack：是由腾讯捐赠的企业级容器编排引擎，是腾讯面向离线计算和在线业务混合部署场景推出的 Kubernetes 发行版，主要具备多集群管理、服务管理、仓库管理、多租户管理、运维管理、统一授权、异构治理、扩展组件等特性。

UBML：由浪潮捐赠的面向企业软件的低代码开发平台核心基础，具有开发语言无关性、开放性、全栈模型刻画、模型工程化、运行状态定制、云原生等优势，可提升软件开发效率与质量,促进软件开发标准化与平民化。

TencentOS tiny:是腾讯捐赠的物联网操作系统,提供精简的 RTOS(实时操作系统)内核,内核组件可裁剪、可配置,可快速移植到多种主流 MCU(微控单元)及模组芯片,并提供了丰富的物联网组件、内部集成主流物联网协议栈,可快速接入腾讯云物联网平台。

AliOS Things:是阿里捐赠的物联网操作系统,与 TencentOS tiny 类似,具备极致性能、极简开发、云端一体、丰富组件、安全防护等关键能力,并支持终端设备连接到阿里云 IoT 平台。

(二)开源协会

国内领先的开源协会主要有:

1. 中国开源工业 PaaS 协会

2018 年 5 月,工业和信息化部印发《工业互联网 APP 培育工程实施方案(2018—2020 年)》,将发展工业 APP 开源社区作为主要任务之一。

工业互联网产业联盟发布的《工业互联网平台白皮书》,将工业互联网平台从架构上具体划分为四个层次,即边缘层、IaaS 层(基础架构即服务层)、工业 PaaS 层(平台即服务层)和工业 SaaS 层(软件即服务层)。白皮书指出,工业 PaaS 是工业互联网的核心。所谓工业 PaaS,对应于工业互联网的平台层,其本质是在现有成熟的 IaaS 平台上构建一个可扩展的操作系统,为工业应用软件开发提供一个基础平台。

在这样的背景和趋势下,浪潮集团提议并发起,在中国开源软件推进联盟的指导下,成立了开源工业 PaaS 协会这一非营利性社会组织。

开源工业 PaaS 协会成立后,以工业 PaaS 技术创新和产业发展为导向,围绕工业 PaaS 价值链,运用市场机制集聚创新资源,实现企业、大学和科研机构等在战略层面的有效结合,共同推动中国开源工业 PaaS 事业发展,提升工业互联网核心能力,提高中国工业互联网产业的国际竞争力。

2. 中国开源软件推进联盟

中国开源软件推进联盟是在政府主管部门指导下,由致力于开源软件文化、技术、产业、教学、应用的开源社区、大专院校、科研院所、企业等组织自愿组成的、民主议事的民间行业联合体和非独立社团法人组织,[①]于 2004 年 7 月 22 日在北京成立。

联盟旨在推动中国开源软件(Linux/OSS)的发展和应用,促进中国与全球关于开源运动的沟通、交流与合作,为推动全球开源运动做出贡献。

3. 武汉自由软件协会

武汉自由软件协会成立于 1998 年 6 月 23 日,致力于开源协作开发平台的建设,建有 GRO. clinux. org,是国内最早建设的也是规模最大的开源软件协作开发平台。目前,武汉自由软件协会有数百个开源项目和上万名注册开发用户。

4. 中国计算机行业协会开源数据库专业委员会

2018 年 8 月 15 日,为促进开源数据库产业创新合作,推进我国开源数据库行业健康有序发展,中国计算机行业协会成立开源数据库专业委员会。

作为计算机行业协会的下设分支机构,开源数据库专业委员会严格遵守中国计算机行业协会章程,并自觉接受中国计算机行业协会的领导和管理,为国家推进国民经济和基本建设信息化做出贡献。

目前,开源数据库专业委员会联合了国内从事数据库领域的软硬件产品企业、应用企业、投资机构、高校院所、地方发展机构、社团组织、行业用户,专注于推动我国数据库产业创新发展,搭建数据库产业创新合作与对接平台,整合技术、资金、人才等产业资源。

(三) 开源社区

按照广义分类方法,目前国内开源社区主要分为三类:第一类是提供开源项目协同开发/发布平台、开源资源、交流论坛,这类社区以共创软件联盟为代表,包括武汉 Linux 协会、Linux Forum;第二类是提供开源资源、交流论坛、维护自主项目,以 Huihoo、Opentop 为主;第三类是引进国外开源项目、提供开源资讯、交流论坛,这类社区以信息汇聚、技术交流为主,人气较旺、水平较低,是知识传

---

① 参见刘晓飞:《自由软件运动背景下的自由软件伦理精神研究》,南开大学 2011 年博士学位论文。

播、人才会聚、项目培育的良好平台，包括 Java Union、Linux Sir、Java. com. cn 等。

按照社区资源（网络带宽、硬件主机、维护人员等）的提供者不同，开源社区可以分为以下三类：第一类是公司或组织。此类社区具有一定的可持续性、稳定性和资源丰富的特色，如北京软件协会支持的共创软件联盟 CoSoft、具有公司背景的 Linux Aide 等，均因其庞大的信息量，吸引了足够多的网民。第二类是松散团队。这类社区虽然具有人气旺盛、发展迅速的优势，但相对的，具有较差的稳定性与持续性，包括 Java Union、Huihoo 等，有些社区十分依赖核心团队，若核心团队无暇顾及网站，就会导致大量用户的流失，阻碍社区的发展。第三类是个人。国内绝大部分社区都建立在个人兴趣之上，这些社区以交流论坛为主，稳定性极差，包括 China java world、Linux Sir 等，如果社区的负责人对此失去兴趣，那么该社区就会立刻消失，对培养长期的开源项目十分不利。

以下为国内目前主要的开源社区。

1. 共创软件联盟

共创软件联盟自 2000 年 2 月成立运作至今，通过灵活的开放源码策略实现广泛的智力汇聚和高效的成果传播，推进创新软件技术的迅速发育和成长，促进我国软件产业在先进的机制上实现跨越式发展。一方面，充分继承国际上已经投入数千亿美元开发出来的开放源码软件；另一方面，以国家高技术研究发展计划（“863 计划”）为战略导向，组织研发尚没有、同时急需的软件并加以集成，按照联盟许可证规则进行开放。在联盟的环境中执行了一批新的 863 研究项目，以联盟许可证的方式来管理和支持这些项目。①

目前，该社区共有 14 个课题源码在联盟网站上对社会公开发布，涉及 12 个科研院校和企业的研发成果，形成了良好的社会效益和经济效益，取得了令人瞩目的成果；并探索出一条新形势下 863 研究项目运作及验收评估的可行途径，通过官、产、学、研的有机结合来促进软件产业在先进机制上实现跨越式发展。

---

① 参见 Steed：《一些知名的开源社区》，载博客园 2017 年 8 月 28 日，https://www.cnblogs.com/steed/p/7443345.html。

2. 开源中国社区

开源中国社区是工业和信息化部软件与集成电路促进中心创办的一家非营利性质的公益网站，其目的在于建立一个健康有序的开源生态环境，促进中国开源软件的繁荣，推动中国的信息化进程。社区提供了论坛、协同开发、软件资源库、资源黄页等资源，它的协同开发平台支持恩信 ERP 及清华大学学位论文 LaTeX 模板等重要项目。

3. 开源高校推进联盟

开源高校推进联盟（Leader ship of Open Source University Promotion Alliance，LUPA）于 2005 年 6 月 12 日在杭州成立，是中国开源运动的探索者和实践者，也是中国开源模式的缔造者。LUPA 是我国院校资源实力强劲、影响力领先的开源社团组织，清华大学、北京大学、浙江大学等 300 余所大专院校都加盟其中。①

LUPA 主张软件自主创新，围绕学生“就业与创业”搭建起学校与企业沟通的桥梁。给在校学生或社会群体提供一个直接与产业对话的平台，LUPA 融合国际最新前沿技术，打造新型、实用的标准化课件，促进中国高校教学教程改革，扶持高校学生自主创业和灵活就业，是解决我国“就业瓶颈”的理想模式。

4. 木兰开源社区

木兰开源社区建立于 2019 年 8 月，是国家重点研发计划重点专项“云计算和大数据开源社区生态系统”的成果之一，由中国电子技术标准化研究院牵头，联合北京大学、国防科技大学、联想、腾讯云，以及开源中国、北京航空航天大学、中国科学院软件研究所等共 16 家单位。

木兰开源社区立足中国，面向国际，联合汇聚国内开源生态圈相关方，共同打造国内开源生态，推动本土开源项目孵化。社区旨在促进产学研用各方开源领域的交流，加强企业、科教研单位和行业用户之间的沟通，推动开源成果转化落地；同时为各类开源项目提供中立托管，保证开源项目的持续发展不受第三方

① 参见黄国荣、张建华：《开源模式，教育的奇葩》，载《软件世界》2006 年第 15 期。

影响,通过更加开放的方式来打造和完善开源社区生态。①

5. 开源社

开源社成立于 2014 年,由 CSDN、GitCafe、GNOME. Asia、微软开放技术公司、优麒麟社区联合创建。开源社由志愿贡献于开源事业的个人成员,依贡献、共识、共治原则所组成,始终维持厂商中立、公益、非营利的特点,是最早以"开源治理、国际接轨、社区发展、开源项目"为使命的开源社区联合体。

开源社积极与支持开源的社区、企业以及政府相关单位紧密合作,旨在共创健康可持续发展的开源生态,推动中国开源社区成为全球开源体系的积极参与者及贡献者。目前,开源社已与欧洲最知名的开源治理社区 OSS Watch 合作,在开源社官网提供了国内最完整的开源治理文档与知识库、开源许可证介绍、开源流程指导以及开源许可证选择器自动化工具等。

2016 年 1 月,开源社作为中国首家开源组织加入开放源代码促进会(Open Source Initiative, OSI)成为联盟成员,与 OSI 携手合作推动开源治理与合规的开源软件许可证。

6. TiDB 社区

TiDB 是一款同时支持在线事务处理与在线分析处理(HTAP)的融合型分布式数据库产品,是 PingCAP 打造的国内第一个 NewSQL 开源项目。TiDB 社区是由 TiDB 生态中的开发者、用户、合作伙伴一起建立的分享、学习平台。目前,TiDB 项目在 GitHub 上已有累计超过 1300 位开源贡献者,是全球基础架构领域的明星开源项目。

TiDB 社区的开源体系分为全方位的开源运营、混合生态以及长期战略三大层次,现在已经具备超过全球 1500 家的用户体系和完善的贡献机制,能够通过社区内开源治理与开源运营体系稳定运行,在开源社区成熟度曲线中进入了结晶期,并持续助力用户数字化场景的创新。

---

① 参见《国内主要开源社区有哪些?》,载微信公众号"工信部电子知识产权中心"2022 年 4 月 7 日,https://mp. weixin. qq. com/s/kHv_i6i7RzNhLmk2rwblgw。

7. 开源无线网络社区

开源无线网络社区是包含端到端开源软硬件及示范用例的开源无线社区,在开源无线协作生态及社区方面实现了国内从 0 到 1 的突破,首创了面向产权保护、过程开源、商用友好的 OS-RAN 开源许可协议,实现了过程开源的移动通信行业群体协作机制,解决了移动通信系统开源难的问题。

依托 BUPT-EURECOM 开源 5G 联合实验室,开源无线网络社区创办并已连续举办了 11 届开源无线网络峰会,峰会是全球范围内开源无线网络领域的顶会,促进了国内相关产业的良性发展。

开源无线网络社区孵化了遵循 3GPP 标准的系列开源软件及硬件项目 OpenXG,发布了包括核心网、基站和终端在内的多项开源项目,开源代码超过 200 万行,是国内首个端到端的开源 5G 系统,也是全球最受欢迎的 4G/5G 开源项目之一。

8. 优麒麟开源社区

优麒麟是由麒麟软件有限公司主导开发的全球开源项目,专注于研发友好易用、简单轻松的桌面环境,致力于为全球用户带来更智能的用户体验,成为 Linux 开源桌面操作系统新领航。

优麒麟自创立以来已经有 10 年的历史以及技术沉淀,并得到了国际社区的认可。目前优麒麟社区已拥有上千家开源合作伙伴,现累计发行 20 个操作系统版本,全球下载量千万余次,活跃爱好者和开发者数十万人,累计向开源社区贡献代码超百万行,其中多个代码被 Linux、Gnome、Unity、OpenStack、Ceph 接收。①

9. 龙蜥操作系统开源社区

龙蜥(OpenAnolis)社区成立于 2020 年 9 月,是一个操作系统开源社区及创新平台,由国内外领先操作系统、芯片、云计算公司共同发起,目前拥有阿里云、英特尔、兆芯、统信软件、中科方德、万里红等 14 家理事单位,超过 40 家生态伙伴。

---

①　参见优麒麟:《社区简介》,载优麒麟网 2022 年 6 月 13 日,https://www.ubuntukylin.com/news/1775-cn.html。

2021 年 10 月 19 日,阿里云发布全新操作系统“龙蜥”并宣布开源。龙蜥操作系统定位于服务器端,支持 X86、ARM 等多种芯片架构和计算场景,通过开源社区和操作系统厂商等形式提供服务。

10. OpenI 启智社区

OpenI 启智社区是在国家实施新一代人工智能发展战略背景下,新一代人工智能产业技术创新战略联盟(AITISA)组织产学研用协作共建共享的开源平台与社区,以鹏城云脑科学装置及 Trustie 软件开发群体化方法为基础,全面推动人工智能领域的开源开放与协同创新。

当前,OpenI 启智社区已吸纳多家核心成员单位,形成了与国际顶级开源组织接轨的治理体系,逐步形成完善的社区管理制度,搭建可支撑社区全面运转的软硬件基础设施,涵盖协同开发、代码托管、数据分享、技术实训等多个子系统的一体化支撑服务环境。

11. 飞桨(PaddlePaddle)

飞桨开源社区以百度多年的深度学习技术研究和业务应用为基础,集深度学习核心框架、基础模型库、端到端开发套件、工具组件和服务平台于一体,于 2016 年正式开源。飞桨致力于提供丰富的官方支持模型集合,并推出全类型的高性能部署和集成方案供开发者使用,目前已累计提交 Commits 数十万次,以 PR 或 Issue 提交形式的开源贡献者有数万人。

12. openGauss

2019 年 9 月 19 日,在华为全联接大会上,华为宣布将开源其数据库产品,开源后命名为 openGauss。openGauss 内核源自 PostgreSQL,并着重在架构、事务、存储引擎、优化器等方向持续构建竞争力特性,在 ARM 架构的芯片上深度优化,兼容 X86 架构。2020 年 6 月 30 日,openGauss 数据库源代码正式开放。

openGauss 社区是一个能够融合多元化技术架构的企业级开源数据库社区,采用木兰宽松许可证 v2(MulanPSL - 2.0)发行,允许所有社区参与者对代码进行自由修改、使用和引用。该社区同时成立了技术委员会,所有开发者均可贡献代码和文档。openGauss 内核深度融合华为在数据库领域多年的经验,结合企业级场景需求，持续构建竞争力特性。

13. 代码分析实验室

工业和信息化部电子知识产权中心在代码分析及知识产权合规业务上发挥独特资源与能力优势，建设代码分析实验室，自研并集合国内外多款代码分析工具，可开展代码指纹检测及源代码检测，并基于代码分析工具及丰富的代码数据库、专利数据库，围绕企业研发、管理中的知识产权风险，提供各项合规服务，帮助企业避免法律风险，实现合规发展。

代码分析实验室具体业务包括企业源代码溯源分析、开源代码检测、开源许可协议合规分析、开源软件项目知识产权风险评估、企业开源风险防控体系建设、企业知识产权合规管理方案建设、开源知识产权风险相关培训等。

14. Linux 中国

Linux 中国是广大的 Linux 爱好者自发建立的以讨论 Linux 技术、推动 Linux 及开源软件在中国发展为目标的技术型社区网站。Linux 中国的宗旨是给所有爱好 Linux、开源技术的朋友提供一个自由、开放、平等、免费的交流空间。Linux 中国的前身是 Linux 大本营，创办于 1999 年，经过多年的努力和发展，于 2007 年正式更名为“Linux 中国”，并启用全新的域名。

15. 红旗 Linux 技术社区

红旗 Linux 技术社区是为了让更多的用户通过技术社区得到更好的用户体验而创立的，其注册人数众多，发挥了促进产品技术创新和广泛吸引用户的作用。

16. PHPChina

PHPChina 是一个以 PHP 为中心，面向软件开发者、程序爱好者的开源技术网站及交流社区。作为 PHP 语言开发公司 Zend Technology 在中国的授权官方网站，PHPChina 不仅成为 Zend 中国技术支持中心的官方社区，更是中国每个 PHP 程序员自己的开源社区。

17. 兰大开源社区

兰大开源社区是兰州大学校内开源爱好者自发建立并由兰大分布与嵌入式

系统实验室支持的组织，旨在学习和研究开源软件技术，宣传和推广开源软件的应用和开发，营造良好的计算机技术学习氛围。

二、国外开源组织

开源组织源起于开源软件发展所需要的强大的支撑和管理，目前全球已发展出多个相关组织，持续推动开源软件在现代互联网技术迭代中扮演重要角色。

（一）开源基金会

1. 自由软件基金会

自由软件基金会（Free Software Foundation，FSF）是由理查德·斯托曼于1985年创立的一个非营利组织，其主要工作是运行GNU计划，使命是促进计算机用户的自由。基金会的员工编写并维护着一些GNU软件包。[①]

2. Apache软件基金会

ASF正式创建于1999年，其前身是由一群开发爱好者组成的Apache Group[②]，托管于ASF的项目均遵循Apache许可证。

ASF对行业和开源的贡献除了开源项目外，还包括开源治理方面，如在Apache社区内外被广泛使用的Apache许可证、主导社区协作管理的Apache Way以及通过非营利组织的身份来支持Apache项目及社区。

3. Linux基金会

Linux基金会（Linux Foundation，LF）成立于2000年。它通过提供开放源代码所需的统一资源和服务，与封闭平台能成功地竞争，从而促进、保护和标准化Linux。LF始于2000年的开放源代码发展实验室，与自由标准组织合并后成为现在的组织。

---

① 参见傅朝曦：《开源软件许可证法律考量与应对策略》，吉林大学2010年硕士学位论文。

② 参见工业和信息化部软件与集成电路促进中心编著：《开源软件成熟度评估及选型指南》，中国水利水电出版社2011年版。

4. GNOME 基金会

GNOME 基金会是一个成立于 2010 年的非营利组织,负责协调 Gnome 项目的各项工作。GNOME 基金会致力于创建一个基于自由著作权协议的计算机平台。

5. Mozilla 基金会

Mozilla 基金会是为支持和领导开放源代码项目而设立的一个非营利组织。该组织制定管理开发政策,经营关键基础组织和管理商标及知识产权。基金会子公司 Mozilla 公司雇用开发人员开发 Mozilla Firefox 浏览器和 Mozilla Thunderbird 电子邮件客户端。

Mozilla 基金会把自己描述为一个致力于在互联网领域提供多样化选择和创新的公益组织。Mozilla 基金会在其所遵循的 Mozilla 宣言中列出了十条原则,涵盖了对全民及商业活动有益的互联网发展重要方针。

6. Eclipse 基金会

Eclipse 基金会是由 Eclipse 联盟于 2004 年发起成立的,由包括开发者、消费者和插件提供商在内的各独立团体组成董事会管理和领导 Eclipse 项目,并为 Eclipse 的长期发展负责。

7. Blender 基金会

Blender 基金会成立于 2006 年,是一个为持续开发 Blender 而创建的非营利性组织。组织的创建是为了雇佣 Blender 原始作者彤·罗森达尔(Ton Roosendaal)全身心地投入到 Blender 的开发领导中,并维护整个软件的开发和分发工作积极有效。

Blender 基金会有一个广泛的目标:让整个网络世界都能方便地使用三维技术,而且是以 Blender 作为这个目标的核心。许多知名的互联网企业、软件厂商和游戏公司都加入了 Blender 基金会,如育碧、微软、亚马逊、Adobe、脸书、英伟达等。

8. NET 基金会

NET 基金会由微软公司赞助于 2014 年成立,是一个独立的自由软件组织,其宗旨在于推进与维护微软公司开放源代码后的 NET 框架。

9. 云原生计算基金会

2015 年,云原生计算基金会(Cloud Native Computing Foundation, CNCF)成立,这是一个厂商中立的基金会,其最初的口号是坚持和整合开源技术来让编排容器作为微服务架构的一部分。

10. 超级账本

2015 年,超级账本(HyperLedger)成立。超级账本为 Linux 基金会协作的开源项目,旨在推进跨行业区块链技术。它是一个全球跨行业领导者的合作项目,包括金融、银行、物联网、供应链、制造和技术领域。

11. RISC-V 基金会

RISC-V 基金会创建于 2015 年,旨在推广 RISC-V 开源指令集架构。目前,RISC-V International 已经与十余个来自不同国家和地区的行业组织建立了联盟,以确保跨越国家边界和利益纠纷的平等协作。

截至 2020 年,RISC-V 的技术社区已发展至 50 多个技术和特殊兴趣小组,开发者超过 2300 人。从嵌入式到企业的整个计算领域,基于 RISC-V 的 CPU 内核、SoC、开发板、软件和工具等在市场上都呈现明显的增长势头。基金会目前已有 900 多个成员,包括 200 多个来自全球各地的组织机构。

12. OpenJS 基金会

2019 年,JS 基金会和 Node. js 基金会合并成立 OpenJS 基金会,其使命是通过提供一个中立的组织来主导项目并共同赞助对整个生态有益的活动,进而促进 JavaScript 和 Web 生态的健康发展。

13. TARS 基金会

2020 年,Linux 基金会宣布正式成立一个非营利性开源微服务基金会——TARS 基金会。TARS 基金会专注于微服务领域,致力于建立一个中立、强大和多元化的微服务生态系统,解决在使用微服务方面可能出现的问题,包括减少开发和服务治理的难度。它旨在解决多编程语言的互通、数据传输和数据存储一致性问题,并在支持海量请求的同时保证高性能。

14. SODA 基金会

SODA 基金会成立于 2020 年 6 月，旨在建立一个开源数据与存储自治管理的软件生态系统，是一个跨项目协作以及帮助终端用户构建解决方案的中立论坛。

SODA 基金会是在 Linux 基金会特许下，由中国建信金融科技、中国联通、富士通、IBM、华为、日本电信电话公司等 25 家机构共同创立。

15. Rust 基金会

作为 Rust 项目的发源地，Mozilla 基金会于 2020 年 8 月宣布了成立 Rust 基金会的计划。2021 年，由华为、Microsoft、Google、AWS 和 Mozilla 基金会作为创始成员的 Rust 基金会正式成立。Rust 基金会是一个独立的非营利组织，负责管理 Rust 编程语言和生态，并特别注重为治理和开发该项目的维护人员提供支持。目前所有的商标和基础设施资产已经全部转移到了新的 Rust 基金会。[①]

16. 开源基础设施基金会

开源基础设施基金会（Open Infrastructure Foundation，OIF）是由 OpenStack 基金会（Open Stack Foundation，OSF）演进而来，演进意味着基金会的使命、所涉及的领域及社区事务的进一步拓展，由此推进开源领域下一个阶段的发展，为市值超 200 亿美元的开源基础设施市场提供强有力的支持。

开源基础设施基金会持续开发优秀的基础设施软件，专注于构建可应用于全球生产实践的软件，满足实际生产应用中的各类需求。OpenStack 项目与 Linux Kernel 及 Chromium 并列为全球最活跃的三大开源项目。

目前，开源基础设施基金会托管的项目包括 Airship、Kata Containers、OpenInfra Labs、OpenStack、StarlingX 及 Zuul，还与其他组织/开源社区合作，支持 Magma、OpenDev 及 Rust-VMM 项目的发展，持续壮大开源基础设施生态，为众多新兴用例提供更优化的解决方案，主要涉及人工智能/机器学习，持续集成/持续交付，容器基础设施，边缘计算，公有云、私有云及混合云等领域。

---

① 参见 OSCHINA：《你知道哪些开源基金会？》，载 OSCHINA 网 2021 年 9 月 15 日，https://www.oschina.net/news/160294。

(二)开源社区

1. Stack Overflow

Stack Overflow 是世界上最受欢迎的程序员社区,同时也是各种内容最大的社区之一。Stack Overflow 是一个程式设计领域的问答网站,隶属于 Stack Exchange Network。网站允许注册用户提出或回答问题,利用积分制度让用户自行管理。此外,网站还会根据使用者的贡献发送徽章,使用者所创建的内容均由知识共享协议授权。①

Stack Overflow 在全球拥有数百万名注册用户,他们持续讨论开源话题,其中最常见的主题有 JavaScript、Java、C#、PHP、Android、Python、jQuery 和 HTML。多年来,社区的使命保持不变,社区的大规模增长和扩展使得讨论内容的质量得到提高。

2. GitHub

GitHub 是一个在线软件源代码托管服务平台,使用 Git 作为版本控制软件,由开发者克里斯·万斯特拉斯(Chris Wanstrath)、海厄特(PJ Hyett)和汤姆·普雷斯顿·沃纳(Tom Preston-Werner)使用 Ruby on Rails 编写而成。

GitHub 同时提供两种账户,付费与不付费账户。这两种账户都可以创建公开或私有的代码仓库,但付费用户拥有更多功能。截至 2022 年 6 月,GitHub 已经有超过 5700 万注册用户和 1.9 亿代码库(包括至少 2800 万开源代码库),事实上已经成为世界上最大的代码托管网站和开源社区。②

GitHub 鼓励软件开发者与选定的人群共享代码。在 GitHub 上,软件开发者不仅可以找到对正在经营的项目有所帮助的开源代码,也可以找到能够帮助处理项目的成员,成员之间彼此分享激励,促使做成更多有意思的事情。

3. Toptal

Toptal 是一个顶级自由开发者和编码员市场。顶级公司和初创公司的首席

---

① 参见曹天泽:《基于代码仓库分析的代码推荐研究》,湖南大学 2016 年硕士学位论文。

② 参见网易云基础服务架构团队:《云原生应用架构实践:从单体到服务化架构演进》,电子工业出版社 2017 年版。

执行官(Chief Executive Officer, CEO)、首席技术官(Chief Technology Officer, CTO)和软件工程经理与 Toptal 的自由职业者合作,增强他们的开发团队,进行应用开发、网络开发和其他软件开发项目,以实现他们的业务需求。目前 Toptal 已在世界上百个国家开展业务,是一个有许多远程自由职业者开发人员的精英网络。

4. Reddit

Reddit 是一个娱乐、社交及新闻网站,注册用户可以在网站上发布文章或链接,从而使它基本上成为一个电子布告栏系统。Reddit 是一个非常具有特色的网站,也是对用户支持非常强大的社区,拥有数以千计的活跃“sub-reddits”。Reddit 站内帖子的排名取决于注册用户的投票结果,并以此决定它在首页或子页的位置。

5. Web Developers

Web Developers 主要面向初学者,非常易于使用,在许多主题上托管各种论坛,如 Ruby 和 SQL 到 CS 和 HTML。导航涵盖了从客户端开发到服务器端开发和站点管理的各种问题。

6. Hacker News

Hacker News 是一家关于计算机黑客和创业公司的社会化新闻网站,由 Paul Graham 的创业孵化器 Y Combinator 创建。用户通过 Hacker News 的搜索引擎或浏览排序列表可以很方便地找到流行的和趋势的内容。

7. SitePoint

SitePoint 社区论坛是在线开发社区和程序员设计师家园之一,以帮助初学者了解其选择的编程语言和技术,并得到相应的提高为目标,网站内容包括 Web 开发、Web 设计、技术写作以及用户体验等。

论坛的重点是帮助初学者和中级用户更好地理解他们选择的语言,同时还提供商业和营销领域的帮助。主要网站上有关于网站开发、网页设计、文案撰写、用户体验等主题的文章。

8. CodeProject

CodeProject 是最大的开发人员社区之一,拥有超过 1400 万软件开发人员,他们的共同目标是学习、教学和娱乐。来自世界各地的成员聚集在一起免费共享代码、教程和知识,以帮助他们的软件开发伙伴。

CodeProject 是为"For those who code"而构建的,超过千万会员创建并共享了数百万行代码示例,可通过论坛系统免费访问。CodeProject 非常关注软件开发方面,并为许多流行的编程语言(如 C#、C++、Java、Lisp 等)提供富有洞察力的讨论。

9. Treehouse

Treehouse 是初学者和专业设计者的天堂,提供多元化资源供学习者学习,除了网站设计,还可以学习其他的知识,如技术技艺、商业知识等。此外,使用者还可以通过注册 Treehouse 并订阅的方式,经济实惠地学习编程。

Treehouse 使用短视频、测验和徽章来帮助订阅者学习网页设计和开发。目前,Treehouse 已经签署了雅诗兰黛、迪士尼和 Zappos 等蓝筹客户。

10. DZone

DZone 是一个和 IT 新闻形式相似的编程社区,用户可以在此共享最新的 IT 新闻和编程资源,并且有专门的内容管理员对作品品质进行把关,因此文章质量能够在一定程度上得到保障。这个社区驱动的门户由编辑人员精心主持,以确保内容有趣和相关,在这里可以发现和分享来自网络的最新和最受欢迎的新闻。

11. Bytes

Bytes 又称字节,是一个由新手和专家组成的传统社区,提供可以参与有关软件开发、数据库开发以及网络、系统和数据库管理的讨论场所。这是一个小众的开源社区平台,增添了社区的多样性和丰富性。字节很好地处理了数据库、网络、系统作为编程生态系统出现的问题和错误。

12. DaniWeb

DaniWeb 是一个适合所有年龄段网络开发人员和程序员的高质量问答平台,每月有超过 500 万的独立访客。DaniWeb 在寻找与网络和软件开发、硬件修补、营销和商业创意相关的答案和资源方面具有强大的优势。

13. Dream In Code

Dream In Code 是一个由数十万名成员组成的社区，他们以问答的形式汇集了数百万个帖子，最受关注的语言包括 Java、C + + 、VB. NET 等。在 Dream In Code 上，成员被鼓励活跃地提出问题并寻找答案。

14. Lobsters

Lobsters 是一个用户邀请制的开发社区，也是一个真正面向社交的社区，涵盖了许多与编程相关的话题，软件开发者被欢迎参与讨论或分享自己的想法。

第三节　开源产业

开源产业依附于不同的主体已形成完整的产业关系链：贡献者基于企业战略和市场决策，或是纯粹的个人兴趣爱好创作开源代码。之后，企业作为开源代码的运营及治理主体，一般会选择自身开展运营；或捐赠给开源基金会，由开源基金会进行直接的开源项目运营。除此之外，开源项目也会被二次开发和使用，在二次开发和使用过程中，开发者和用户也会通过开源社区指出项目缺陷，为项目的发展带来启发和思考，由此推动开源产业链的持续运行。

一、助力发展数字产业化

开源作为数字经济时代一种新思维、新模式，为全球数字经济高速发展注入无限活力。在数字产业化方面，开源通过“集众智”的模式，促进技术的继承式发展，优化软件生产体系，提高软件生产能力，成为数字经济快速发展的有力支撑。

二、风险与挑战依然存在

目前，全球开源项目发展稳健，开源社区多态均衡发展，开源应用进一步提升,开源投融资持续火热。同时,开源伴生的安全、合规、供应链等风险也进一步凸显,产业多方纷纷布局开源风险治理。作为推动开源生态健康发展的有效手段,开源风险治理涉及开源社区构建、开源许可证合规、代码安全审查等诸多方面。

三、新阶段,新机遇

继开源写入《"十四五"规划》之后,国家层面对开源的重视程度不断加深。过去,国家对开源的支持政策主要体现在新技术发展推动方式上,近年来开源政策更加体系化和多样化。

如国务院发布《知识产权强国建设纲要(2021—2035 年)》,提及完善开源知识产权和法律体系,推动开源合规发展;工业和信息化部发布《"十四五"软件和信息技术服务业发展规划》明确提出繁荣国内开源生态建设,推动国内开源项目与开源社区发展;中国人民银行联合五部委发布《关于规范金融业开源技术应用与发展的意见》,积极推动产业用户正确认识开源。①

除了政策引导外,要打造好开源生态,开源人才的供给和相关企业的支持也至关重要。中国年青一代的开源软件开发者应具备全球化的视野和交际能力,主动融入 GitHub 等全球协作,参与到开源项目中;同时,企业对开源的态度应从"使用开源"逐渐转向"贡献开源",积极参与开源社区的建设,形成开源良性循环。

当前,我国开源生态正在积极创造新机遇。我们应从提炼新理念、探索新方向、融合新形态、应用新模式、治理新机制五个方面,共同把握开源产业新机遇,应对开源风险。

---

① 参见中国信息通信研究院:《全球开源生态研究报告(2022 年)》,2022 年 9 月。

第三章 核心基石:开源许可证

第一节 什么是开源许可证

一、开源许可证概述

开源许可证(Open Source License)也称开源软件许可协议,是一种法律许可,声明用户对开源代码使用的程度。

目前,国际上通用的开源许可证数量众多,大多数开源许可证的共同特点是允许用户在开源软件的过程中免费使用、修改、共享源代码。从许可证的使用条件来看,主要分为宽松型(Permissive)许可证和著佐权型(Copyleft)许可证。

宽松型许可证对软件使用方基本没有限制,使用方可以修改代码之后闭源,常见的这类许可证有 BSD、MIT、Apache - 2.0 等,对于开源商业化比较友好。著佐权型许可证在用于开源软件时可以不经许可随意复制,但增加了一个限制条件,即修改后的代码不得再次闭源。业界最知名的著佐权型许可证是 GPL,它是 Linux 得以成功的一个很重要的开源基础设施的支撑。

随着云计算的普及和云市场的分发,开源许可协议范围逐渐扩大,先后涌现出了一批有争议的新型针对公有云厂的开源许可证,如 SSPL、BSL、Elastic 许可证。

二、开源许可证的宗旨

开源许可证以开放、共享、交流、协作为宗旨。开源许可证充分运用了类合同的自由原则。许可证提供方以其个人意志对开源许可证的使用提出要求，对许可证使用方作出种种限制，实现了开源许可证的强制传递，从而确保实现开源宗旨、防止用户将开源软件闭源，让大众都能感受到开源软件的优势，并通过开源许可证在产权保护与知识共享中达到一种平衡。[①]

三、开源许可证与其他软件协议的区别

1. 与拆封许可协议的区别

拆封许可协议是由软件商事先制定封装的软件许可协议，一般以软件《用户协议》的方式表示出来。通常认为，拆封合同是一种标准合同或格式合同。[②]

开源许可证虽然具有与拆封许可协议一样的形式特征，但又与其有所区别：前者是遵循著作权理念，通过合同自由使软件作者与用户的权益得到保障；后者则是借助合同自由，达到超越著作权、反限制著作权的目的。

2. 与自由软件许可协议的区别

开源软件与自由软件都是非公有软件，都应遵守许可协议的内容。“开源软件”的理念由与“闭源软件”相对立的“自由软件”发展而来，倡导自由、共享、协作。开源许可证将自由许可协议的共享精神继承下来，但修正了其有关继受的严格要求。

3. 与商业软件许可协议的区别

商业软件许可协议是软件提供方将商业软件转让给用户的协议。[③] 为了保护商业秘密，许可协议通常约定商业软件的源代码是封闭的。

有些商业软件许可协议也约定了开放源代码，如对有一定使用期限的试用软件，仅提供源代码，但不允许用户对其代码进行修改、演绎、再发布等。这点与

---

① 参见陆首群：《积极投入开源大发展洪流》，载《办公自动化》2016 年第 16 期。

② 参见苟正金：《软件拆封许可特性考》，载《四川师范大学学报（社会科学版）》2011 年第 3 期。

③ 参见刘建臣、林戈：《开源软件商业化中的知识产权风险及应对》，载《法制与社会》2011 年第 34 期。

开源许可证相区别。①

四、开源许可证的法律属性界定

(一)德国对开源许可证的法律界定

德国是大陆法系国家的代表，其开源软件许可证不仅受到著作权法的保护，合同法也同样对其进行保护。近几年，德国地方法院在判决中更愿意把开源软件许可证等同于合同。我们可以通过两个实际案例，分析德国法对于此类案件的方法和态度。

1. 案例一：Welte v. D-Link Germany

本案原告为开源社区著名的维权人士 Harald Welte，被告为中国台湾友讯(D-Link)公司在德国的子公司(D-Link Germany，以下简称德国友讯)。德国友讯销售的 NAS 产品的驱动程序中包含《GNU 通用公共许可协议》(以下简称 GPL 协议)授权的程序，但是并不符合 GPL 协议的规范，因为产品中没有包含任何非保证声明，也没有提供该驱动程序源代码和 GPL 协议全文。

本案虽然与 GPL 协议有关，但是原告并不是控告德国友讯违反 GPL 协议，而是控告其拒绝承担 Welte 为查证驱动程序是否包含 GPL 程序代码的支出费用，包括律师咨询费、逆向工程费以及为了实际检测而购买德国友讯 NAS 产品的支出。德国友讯也拒绝向 Welte 提供其依照《德国著作权法》有权了解的一些信息，并且表示其公司可以不必遵守 GPL 规则。

德国友讯在辩解中提出 Welte 是否有权提起该诉讼、其提出的证据有无证明力等问题，但是在直接涉及 GPL 协议的争议中，德国友讯对 GPL 协议为有效的授权协议这一事实表示承认。

法兰克福地方法院判决 Welte 胜诉，德国友讯赔偿金钱损失，并提供

① 参见刘彬彬：《开源许可协议的法律问题研究》，兰州大学 2020 年硕士学位论文。

Welte 依据《德国著作权法》有权要求知悉的一些信息。判决生效后，德国友讯并未上诉，同时德国友讯也肯定了开源社区开发者对于开源软件的贡献。

法兰克福地方法院作出的该判决是德国境内第一份关于 GPL 的判决书，其间对于各项证据的检验以及双方争议的辩论均较为深入且完备，所产生的判决书也因此具有代表性。可以说，无论未来还有多少由此衍生的法律问题，德国法的法域内已经从有效性、可执行性上百分之百地肯定了 GPL 协议的法律效力，这对于整个开源社区而言都是一种实质的正面肯定。

2. 案例二：Welte v. Skype Technologies

Skype 公司是总部位于卢森堡的一家网络电话公司。在 Skype 公司销售的网络语言手持电话 SMCWSKP100 中，其固件程序中含有 Linux 内核代码。按照 GPL 协议的规定，Skype 公司必须公开固件的源代码，并向购买网络电话机的用户提供源代码。但 Skype 公司却违反了此规定，没有公开相关产品的源代码。

此案以 gpl-violations. org 机构为原告，该机构由德国开源人士 Harald Welte 成立，此案涉及的两个被告均为德国境外公司。Skype 公司位于卢森堡，案涉手持电话由位于西班牙的网络电话机制造商 SMC 生产。由于两被告拒不接受原告的建议，原告将被告诉上法庭。慕尼黑地方法院作出一审判决：Skype 公司被发现违反了 GPL 协议，任何使用 GPL 软件开发后续产品的公司，都必须认真执行协议的各项条款。另外，即使是销售含有开源软件的产品，销售商也必须严格遵守这一协议。

Skype 公司辩称，他们在产品说明书中提供了一个网址，可以让用户查询到产品固件的源代码。不过法庭表示，Skype 公司这一举动不足以满足 GPL 协议的要求，不予采纳该意见。Skype 公司在收到一审判决书后向上级法院递交了上诉状，但考虑到类案在其他法院审理时，软件使用方均未获得支持，遂提出撤回上诉请求，表示接受一审判决。

开源软件许可证在德国被直接认定是契约。这是因为授权条款在德国基本上被认定为契约的一种，我们经常在德国法律文本中发现“授权条款契约”这样的措辞，这是由于德国法对于契约与授权条款在法律性质上的解读存在本国特色。

通过以上两个案例，笔者大致可以得出这样一个结论，大陆法系代表之一的德国法倾向于将违反 GPL 协议规则的行为按违约论处。使用了包含 GPL 许可证的开源软件进行引用、修改、二次开发并重新发布的软件，如果不遵守 GPL 协议规则，不公开相关程序源代码，不把 GPL 协议条款附于产品中，都会被法院判定为违约行为。违约一方须承担因违约而产生的法律责任，具体包括公开软件的源代码、在产品中附加 GPL 许可证条款、提供便捷方式使公众能以较低成本方便地获得源代码并承担相关诉讼费用等。

（二）美国对开源软件许可证的法律界定

作为英美法系代表的美国，近年来关于开源软件的诉讼可谓层出不穷。虽然早期此类案件多以和解结案，相关法院也回避了对 GPL 协议效力的审查，但现今以法院判决结案的类案中，法院往往会对开源软件许可证条款进行法律审查，并明确许可证在美国法域内的法律效力，这使得 GPL 协议相关的法律问题得到了较为清晰的界定。

下述三个典型案件体现了美国司法对开源软件及其许可证的认知过程：第一个案件是美国早期著名的开源软件相关诉讼，具有开创意义；第二个案件是关于开源软件组件 Busybox 的案件群，牵涉了诸多公司，头绪纷繁但解决之道大同小异，具有很强的现实指导意义；第三个案件是美国开源软件诉讼史上一个关键性的转折点，确立了开源软件许可证的法律性质，澄清了人们对于开源软件许可证法律效力的误解，为开源软件的后续发展扫清了法律障碍。

1. 案例一：MySQL AB v. Progress Software & Nusphere Corp

2000 年 6 月，位于瑞典的 MySQL AB 公司与位于美国马萨诸塞州的 Nusphere 公司签订了一份临时协议。根据该协议，Nusphere 公司获得授权分销 MySQL 并为 MySQL 数据库提供相关的数据管理服务，同时后者需支付给前者 250 万美元的费用。2000 年 8 月，双方终止了该临时协议。数月后，Nusphere 公司将 mysql. org 注册为域名，但是拒绝转让该域名给

MySQL AB 公司。

2001 年 6 月,Nusphere 公司和 Progress 公司向法院提起诉讼,控告 MySQL AB 公司违反合同,不正当地干涉第三方合同关系以及不正当竞争;同年 7 月,MySQL AB 公司向美国马萨诸塞州波士顿法院提起反诉,控告 Nusphere 公司和 Progress 公司侵犯其商标权,违反临时协议,不遵守 GPL 许可,以及不正当竞争和欺骗性交易行为。

在双方起诉阶段,FSF 为此发表一份声明,认为 Nusphere 公司因为违反了 GPL,所以失去了分销 MySQL 的资质。2002 年 11 月,争议双方就相关法律问题达成了庭外和解,Nusphere 公司表示愿意遵守 GPL。

本案的焦点问题在于:不公开源代码是否违反了 GPL 规则,以及 GPL 协议授权协议的法律效力。对于第一个问题,审判中 Eben Morgen 在其专家证言中指出,不公开源代码明显违反了 GPL 规则;针对第二个问题,主审法官虽然作出了初步禁令,实际上却回避了对 GPL 协议效力的法律审查。尽管主审法官在事实上倾向于支持 GPL 许可证具有约束力且可以强制执行,但本案中 GPL 的相关法律问题并没有得到澄清。

2. 案例二:BusyBox 系列案

此系列案是由软件自由法律中心(Software Freedom Law Center,SFLC)基于 BusyBox 软件发起的捍卫 GPL 协议的关联诉讼,涉案被告公司分别为数字视频创新解决方案供应商 Monsoon Multimedia 公司、Wi Fi 生产制造商 Xterasys 公司、车载天线生产商 High-Gain Antenna 公司以及美国最大的有线通信和移动通信提供商 Verizon Communications 公司。

①BusyBox 系列案之一:SFLC v. Monsoon Multimedia 公司

据 SFLC 称,本案是美国境内第一宗为了强制执行开源软件许可证而提起诉讼的案例。SFLC 以 BusyBox 两名原创者 Erik Andersen 和 Rob Landley 代表的身份对 Monsoon Multimedia 公司提起了诉讼。原告方声称,即使其向被告方再三申请,Monsoon Multimedia 公司也拒不公开其源代码。原告方认为 Monsoon Multimedia 公司既然依据 GPL 协议使用了 BusyBox,

那么使用了该开源软件的软件发布者就应该按照该许可证要求公开自己的源代码。如果不这样做，就被认为是侵犯版权。

此案之所以受到密切关注，是因为大家都想见证 GPL 协议的法律效力到底如何。如果法庭判决 GPL 协议是一份合同，这对开源社区来说将会是一个沉重打击，因为违反合同的补救措施一般就是赔偿损失。但是对于不收取软件费用的原告来说，基本上没有什么损失，所以说这种补救措施效果相当有限。如果法庭判决 GPL 协议是一种许可证，那么被告将被指控侵犯版权，原告有权要求赔偿并向法庭申请处以被告禁令。

Monsoon Multimedia 公司在被起诉后发表了一份声明，在该声明中，其承认违反了 GPL 协议的事实，并表示公司与 SFLC 一方协商庭外和解。声明中还承诺按 GPL 协议的要求公开经其修改的 BusyBox 源代码，并在今后完全遵守所有的开源软件许可协议。至此该案告一段落，但最为关键的问题，即 GPL 规则的法律性质仍然没有得到澄清。

②BusyBox 系列案之二：SFLC v. Xterasys & High-Gain Antenna 公司

High-Gain Antenna 的案件正在审理时，Xterasys 已经向 SFLC 表示妥协，同意按照 GPL 协议将软件源代码在其公司网站站点上发布。SFLC 则在对方遵守 GPL 协议的情况下，授予 Xterasys 所有的权利去分发 BusyBox 软件。此外，Xterasys 公司还专门委派了一名监督开源软件使用情况的工作人员，以确保公司严格遵守 GPL 协议。在处理完该项争端之后，Xterasys 向每一位顾客宣告了他们享有复制 BusyBox 源代码的权利，并给予了原告方一定的赔偿。

不久之后，SFLC 和 High-Gain Antenna 公司联合发表声明，High-Gain Antenna 公司表示将遵守 GPL 协议公开相关产品的源代码，同时 SFLC 将撤销对该公司 GPL 协议的相关版权诉讼。在声明中，High-Gain Antenna 公司将其旗下几款采用 BusyBox 代码的 Wi Fi 设备源代码公开，并且指派了专门的开源工作人员，以确保公司严格遵守 GPL 协议。同时，BusyBox 的作者也获得了相关经济上的补偿。

上述两个案件双方都采取了庭外和解的方式，虽然 GPL 协议的法律性质至此还是一个未知数，但是这并不是说 GPL 协议没有法律约束力。相反，因为被告明白双方僵持到最后，自己将处于极大的不利地位，所以愿意采用庭外和解的方式来解决纠纷。这样做，一方面，可以从时间上、金钱上减少诉讼成本；另一方面，也能够树立公司尊重开源社区的形象，为公司后续产品开发和业务拓展使用开源软件铺平道路。

③BusyBox 系列案之三：SFLC v. Verizon Communications 公司

在本案中，SFLC 指控 Verizon Communications 公司宽带服务使用的路由器侵犯了 GPL 协议。SFLC 称，Verizon Communications 公司在其使用由 Actiontec Electronics 公司制造的无线路由器中使用了 BusyBox 代码，但没有根据 GPL 协议的要求向客户提供 BusyBox 的源代码。

按照 GPL 协议要求，Actiontec Electronics 公司和 Verizon Communications 公司作为 BusyBox 的经销商均有义务遵守 GPL 协议：一方面，当 Actiontec Electronics 公司向下游 Verizon Communications 公司提供产品时，Actiontec Electronics 公司需要遵循 GPL 协议的义务；另一方面，Verizon Communications 公司向客户发布产品时，也有义务继续遵守 GPL 协议。换句话说，Actiontec Electronics 公司向 Verizon Communications 公司提供产品时履行了 GPL 协议并不能免除 Verizon 向客户发布产品时继续遵守 GPL 协议的义务。

历经多轮回应，本案最终以 SFLC 与 Actiontec Electronics 公司、Verizon Communications 公司达成庭外和解终结。

通过以上几个案例可以看出，聪明的厂商最后都采取了同样的方式来解决这一类纠纷，那就是和 SFLC 合作。因为案件拖的时间越长，对被告的声誉影响就越大，开源社区成员很有可能不再尊重他们，这将导致其日后在使用开源软件的问题上陷于尴尬的境地。

3. 案例三：Jacobsen v. Katzer——明确开源许可证法律性质第一案

Jacobsen 在开源网站 SourceForge 上建立了一个叫作 Java Model

Railroad Interface（JMRI）的开源项目，这是一个开源的铁路布局模拟控制系统，于2001年5月7日正式运行。2002年4月17日，Katzer向美国政府申请了一项涉及一个铁路数字控制模拟系统的专利，并成功通过获得专利权。2006年，Katzer致信Robert Jacobsen，称JMRI软件侵犯了他所拥有的专利权，因为使用了其专利中描述的思想方法，要求对方修改这个项目，以避免进一步侵犯其专利。旧金山联邦地区法院驳回了原告的诉求，但是美国联邦巡回上诉法院却在判决中支持了原告方的请求，认为违反开源软件协议的行为就是侵权行为。

这个判决结果在开源社区引起了巨大的轰动，因为这是第一次正式在法律上宣示开源软件许可证在美国是一份著作权协议，违反协议就是侵权行为。众所周知，美国是一个判例法国家，以后类似案件都要求法官参照此判决进行裁决。可以预见，此先例一开，其影响力是不可估量的，那些将开源软件改头换面包装成私有软件的公司就需要谨慎处理这方面的法律问题，毕竟以前他们认为违反开源软件许可证并不是一件得失攸关的事。

以往公司通常会认为，既然开源软件允许自由使用，那就不存在侵权风险。即使违反了开源许可证，也只是违反“合同约定”，依据“谁主张，谁举证”的原则，解决合同纠纷对于起诉方来说麻烦且费时，往往得不偿失。而在开源许可证被明确为著作权协议后，如果公司再违反某项开源许可证的约定，有权方起诉后可以请求法院直接发出禁令，禁止侵权公司的经营活动，而不再仅是罚款了事。

作为英美法系代表国家之一的美国，真正认定违反开源软件许可证的行为是侵权行为是在Jacobsen v. Katzer一案中。在这之前，法院没有对开源软件许可证的法律性质给出过一个清晰的定位，该类案件往往都以庭外和解方式结案，法官们也回避了对开源软件许可证进行司法审查。因此可以看出，不同的法官对于此问题存在不同的见解。

但是在Jacobsen v. Katzer一案中，联邦上诉法院判决首次认定违反开源软件许可证的行为为侵权行为，不是一般意义上的违约行为。如果对开源软件进行引用、修改、二次开发并重新发布，而不遵守其许可证，拒绝公开程序源代码，没有将许可证条款附于经营性的产品中的行为,都将被判定为侵权行为。被侵权人可以向法院申请禁令,从而获得比较可靠且有效的法律救济。对于侵权人而言,法律约束力会大大加强,他们会考量违法成本与实际收益的关系,从而自觉遵守开源软件许可证。

其实无论是发生在美国还是发生在德国的诉讼,其目的只有一个,即希望他人依照开源软件的游戏规则来运用,提起诉讼即是一种迫使有关方主动了解开源软件游戏规则的手段。

(三)我国对开源软件许可证的法律界定

根据我国《民法典》合同编和《著作权法》的规定,开源软件许可证在法律性质上可以被认定为合同。《民法典》第 464 条第 1 款规定:"合同是民事主体之间设立、变更、终止民事法律关系的协议。"

无论是从内容还是从形式上看,开源软件许可证都具备合同的特征。在内容上,开源软件许可证符合合同的特征,即开源软件许可证是以双方或当事人意思表示一致为基础,在平等、自愿的基础上,以设立、变更、终止民事权利义务为目的的民事法律行为;在形式上,开源软件许可证是一种有形电子文本的表现方式,因而符合合同的形式特征。

同时,开源软件许可证又具有一定特殊性。开源软件许可证由软件发布人一方预先拟定条款,其他用户只能完全接受或者不接受,无权更改条款。从这方面看,开源软件许可证是一种许可著作权的格式合同。

从开源软件许可证条款来看,其主要内容均涵盖于我国《著作权法》第 26 条①规定的许可使用合同的内容当中,且不存在具有本质冲突的地方。例如,许可使用的权利是非专有使用权,赋予其他用户自由复制、修改和传播的权利;许可使用通常来说并不在地域和期间上进行限制;除非有特殊要求,否则一般也

---

① 《著作权法》第 26 条规定:"使用他人作品应当同著作权人订立许可使用合同,本法规定可以不经许可的除外。许可使用合同包括下列主要内容:(一)许可使用的权利种类;(二)许可使用的权利是专有使用权或者非专有使用权;(三)许可使用的地域范围、期间;(四)付酬标准和办法;(五)违约责任;(六)双方认为需要约定的其他内容。"

能免费获得源程序的代码；违约责任则大多明确采取无担保原则和明示免责条款。

我国已在司法实践中通过判例明确了开源软件许可证的法律效力，具体裁判机关的分析如下。

1. 案例1：济宁市罗盒网络科技有限公司与福建风灵创景科技有限公司、北京风灵创景科技有限公司、深圳市腾讯计算机系统有限公司侵害计算机软件著作权纠纷案(以下简称罗盒公司与风灵公司软件著作权纠纷案)

可以说本判例是中国首个明确 GPL－3.0 协议的法律效力的案例，明确了违反开源软件许可证的侵权法律责任，具有重要的现实意义：一方面，可以及时制止侵权行为，防止他人对开源软件的不正当利用；另一方面，能够有效保护授权人的利益，使他们保有继续创作的动力，促进源代码共享和知识的传播。

原告济宁罗盒公司独立开发"罗盒(VirtualApp)插件化框架虚拟引擎系统V1.0"(以下简称 VirtualApp V1.0)。VirtualApp 于 2016 年 7 月 7 日在 GitHub 网站上传了 VirtualApp 的初始源代码，共计 31,097 行；次日附加了 LGPL－3.0 协议；2016 年 8 月 12 日，将 LGPL－3.0 协议变更为 GPL－3.0 协议。2017 年 10 月 29 日，原告公司在 VirtualApp 后续开源版本中删除"适用 GPL－3.0 协议"的表述。

2017 年 11 月 8 日，原告公司为 VirtualApp V1.0 取得计算机软件著作权登记证书。据国家版权局颁布的计算机软件著作权登记证书记载，VirtualApp V1.0 的著作权人为原告，开发完成日期为 2015 年 2 月 28 日、首次发表日期为 2015 年 7 月 18 日、权利取得方式为受让、权力范围为全部权利。

2017 年 12 月 30 日，由原告开发者罗迪提交的更新的 CHINESE. md 文件内载明"VirtualApp(中文名为罗盒)2017 年 8 月份正式公司化运作，当您需要将 VirtualApp 用于商业用途时，请务必联系……购买商业授权……VirtualApp 源代码将于 2017 年 12 月 31 日停止更新"。2018 年 9 月 26 日，原告委托广东鑫证司法鉴定所鉴定被诉侵权软件"点心桌面"App(V6. 5. 8)与原告涉案软件 VirtualApp(2017 年 12 月 30 日在 GitHub 网站上的开源版本)是否构成实质性相似。

鉴定意见载明:送检的"VirtualApp"源代码与"点心桌面"软件安装包反编译得到的源代码共有421个可比代码文件,其中有27个可比代码具有高度相似性,有78个可比代码具有一般相似性,有308个可比代码具有实质相似性,有8个可比代码不具有相似性。另外,该鉴定意见的分析说明中载明:双方可比代码所在的目录结构相似,且双方对应目录中同时有"lody"目录,而"lody"为原告代码的开发者(这在原告代码中有多处的注释都表明,原告代码中均有注释"@authorLody"),而这种目录相似情况和上述代码相似程度在软件的独立开发过程中是不可能存在的。因此原告向法院起诉。

广东省深圳市中级人民法院经审理认定,本案系侵害计算机软件著作权纠纷,涉及开源软件的相关问题。根据双方诉辩意见及举证情况,本案争议焦点主要有四点。

①焦点一:GPL-3.0协议的法律效力

GPL-3.0协议的内容具备合同特征,是否可被认定为授权人与用户之间订立的著作权协议,并纳入我国《合同法》(已废止,现为《民法典》下文不再说明)调整的范围。

根据GPL-3.0协议第8条"终止授权"的约定,授权人许可用户在遵守许可证规定的前提下行使某些权利,但用户必须承担相应的义务。若用户违反GPL-3.0协议的使用条件来复制、修改或传播受保护的作品,其通过GPL-3.0协议获得的授权将会自动终止。一旦用户违反了使用的前提条件,将导致GPL-3.0协议在授权人与用户之间自动解除,用户基于协议获得的许可即时终止。用户实施的复制、修改、发布等行为,因失去权利来源而构成侵权。

②焦点二:原告是否为提起诉讼的适格主体

首先,现有证据可以证明原告系GitHub网站上开源软件VirtualApp的著作权人。其次,原告提起本案诉讼无须贡献者的同意或授权。"若开源项目的起诉维权需经全体贡献者一致同意或授权,实则导致维权行为无从提起。"最后,GPL-3.0协议仅限制授权人不得向用户主张任何专利权,而并未限制授权人对违反许可协议的用户主张著作权。因此,原告的诉讼行为并未违反 GPL-3.0 协议关于争议解决方式的约定。综上所述,原告有权提起本案诉讼。

③焦点三:被诉行为是否侵害原告的著作权

首先,针对原告在 VirtualApp 后续开源版本中删除"适用 GPL-3.0 协议"的影响。根据 GPL-3.0 协议第 4 条、第 5 条的规定,只要后续版本中有使用先前开源版本中的源代码,并且先前版本使用了 GPL-3.0 协议,则后续版本也必然受 GPL-3.0 协议的约束。因此,VirtualApp 后续开源版本仍然受 GPL-3.0 协议的约束。

其次,GPL-3.0 协议并未限制用户进行商用,只是使用时必须遵守开源的规定。原告虽在 GitHub 网站上声明禁止用户对 VirtualApp 开源代码进行商用,但根据 GPL-3.0 协议第 7 条、第 10 条的规定,附加条款适用的情形和内容是明确的,限制商用不在其列,授权人亦不可以对 GPL-3.0 协议所授或确认权利的行使施以进一步的限制。

最后,被诉"点心桌面"App(V6.5.8)应当遵循 GPL-3.0 协议向公众无偿开放源代码。被告福建风灵公司使用了附带 GPL-3.0 协议的开源代码,却拒不履行 GPL-3.0 协议规定的使用条件。根据 GPL-3.0 协议第 8 条自动终止授权的约定及《民法总则》第 158 条(已废止,现为《民法典》第 158 条,下文不再说明)的规定,被告福建风灵公司通过该协议获得的授权已因解除条件的成就而自动终止。被告福建风灵公司对 VirtualApp 实施的复制、修改、发布等行为,因失去权利来源而构成侵权。

④焦点四:若侵权成立被告应承担的法律责任

被告福建风灵公司作为"点心桌面"App(V6.5.8)的开发、运营和发布者,依法应承担停止侵害 VirtualApp 著作权的行为,对使用了 VirtualApp 的"点心桌面"软件立即停止提供下载、安装和运营服务。鉴于被告福建风灵公司系被告北京风灵公司的全资子公司的情形,原告指控两被告共同承担侵权责任。

被告腾讯公司对其"应用宝官网"上可能存在的侵权行为制定了相关规则、

设置了投诉渠道,且对被诉软件作了及时下架处理。原告亦未对被告腾讯公司提出具体诉请。因此,被告腾讯公司无须承担法律责任。

关于赔偿问题,法院认为,开源软件大多是免费的,但授权人付出的开发成本是必然存在的,按照侵权获利来承担赔偿责任更为公平合理。因此法院酌情确定赔偿数额为50万元。

2. 案例2:济宁市罗盒网络科技有限公司与广州市玩友网络科技有限公司、深圳冠准航科技有限公司、深圳奥斯坦科技有限公司、祥运实业(深圳)有限公司侵害计算机软件著作权纠纷案(以下简称罗盒公司与玩友公司等软件著作权纠纷案)

本案判决借鉴了美国、德国等域外法院对开源协议性质的认定,对相关问题进行了开创性的裁判:①开源软件项目贡献者众多,作为最主要贡献者的管理者有权单独起诉;②已适用开源协议的软件不能撤销先前的许可;③开源软件的最主要贡献者不能在开源协议基础上增加限制商业使用条款;④软件源代码不收费,而利用开源软件开发的商业软件可以对其他使用人进行收费;⑤GPL协议作为最严苛的开源软件授权许可协议,任何使用了GPL协议开源代码的软件再发布时需将软件全部源代码开源而不是仅需公开使用了开源软件部分的源代码;⑥GPL协议是授权方和用户订立的附解除条件的格式化著作权协议,若用户违反协议条款则GPL协议终止适用,用户因此获得的授权自动终止,其再使用开源软件已没有法律和合同依据,构成侵权。

案件对涉开源软件的审理提出了既符合国际惯例又行之有效的裁判规则,对规范企业开发、利用开源软件有良好指引作用。

原告罗盒公司的股东罗迪在GitHub网站上传了其开发的VirtualApp软件初始源代码并适用GPL-3.0协议,另附加声明任何人如用于商业用途需购买,后又删除了GPL-3.0协议并停止更新而转向开发闭源商业收费版。罗盒公司通过受让方式取得了涉案软件的著作权并登记。玩友公司开发了四款被诉侵权的微信视频美颜相机App并上传于各平台供用户下载,但并未提供源代码下载,用户可免费试用半小时,之后需付会员费才可继续使用,该费用由本案另外三被告代为收取。罗盒公司提供鉴定报告主张四款被诉侵权软件中的沙盒分身功能与涉案软件构成实质性相似，玩友公司收取会员费和不提供开源代码的行为违反限制商业使用条款和 GPL－3.0 协议，构成侵权，请求判令玩友公司停止提供四款软件的下载、安装和运营服务并赔偿经济损失 1500 万元和维权合理费用 15 万元，本案另外三被告承担连带责任。

广州知识产权法院经审理认为，罗迪是涉案软件的最主要贡献者，罗盒公司有权单独提起本案诉讼。罗盒公司无权在适用 GPL－3.0 协议的涉案项目中添加商业使用限制保留条款。沙盒分身部分功能代码是作为被诉侵权软件的衍生部分而整体发布的，GPL 协议具有高传染性，故玩友公司未开源整个被诉侵权软件的源代码违反协议约定。GPL－3.0 协议属于附解除条件的著作权合同，许可条款是版权许可的条件。玩友公司违反 GPL－3.0 协议的约定，其依据 GPL－3.0 协议获得的授权自动终止，玩友公司再使用涉案软件已没有法律和合同依据，故其构成侵权。本案另外三被告的收款行为无过错，无须担责。法院据此判决玩友公司停止侵权行为并赔偿罗盒公司经济损失及维权合理开支 50 万元。

至此，虽然我国已认定开源软件许可证的法律效力，但对其法律属性还存在诸多讨论，开源软件应用也亟须进一步加强立法规制。

第二节　开源许可证的主要类别

根据使用开源软件的软件代码传染性的强弱，将常见开源许可证分为四种类型（见表 3－1）：

表 3－1 常见开源许可证类型

<table>
<tr><th>名称</th><th>共性</th><th>特征</th><th>典型许可证</th></tr>
<tr><td>宽松型开源许可证（Permissive License）</td><td rowspan="4">1. 开源软件的作者或版权持有人的姓名或名称应当标记。
2. 使用者应明确表明所使用的开源协议，对许可证全文或相关链接进行保留。
3. 赋予私人使用权。
4. 赋予商业使用权。
5. 赋予修改及修改后再发布的权利。
6. 对于软件使用后的风险及产生的后果，开源软件的作者或版权持有人不予承担</td><td>最基本的许可证类型，用户可以修改代码后闭源。
三个基本特点：
1. 不对用户使用代码进行约束；
2. 代码的质量不能得到保障，风险由使用者自行承担；
3. 用户必须披露原始作者</td><td>MIT、BSD（常见BSD－2.0和BSD－3.0）、Apache－2.0</td></tr>
<tr><td>弱传染型开源许可证（Weak Copyleft License）</td><td>可以进行开源代码修改或者进行衍生，不要求对修改后的代码开源，但需要将源代码依照许可证开源，保证其他人在许可证下共享源代码</td><td>LGPL－2.1、LGPL－3.0、MPL－2.0、CDDL－1.0、EPL－1.0</td></tr>
<tr><td>传染型开源许可证（Copyleft License）</td><td>明确要求修改版本必须以同一许可证发布，如果一个软件包含该许可证下部分代码，那么当该软件完全发布时必须整体适用该许可证</td><td>GPL</td></tr>
<tr><td>强传染型开源许可证（Strong Copyleft License）</td><td>相较于一般的传染型开源协议，体现出了更加强烈的传染性。
首先，软件本身必须开源；其次，与其有链接关系的代码都必须对外开源，即与该软件在同一进程中运行的代码都必须开源</td><td>AGPL－3.0</td></tr>
</table>

第三节 常见开源许可证介绍

开源许可证是个相当庞杂的范畴，仅 OSI 批准的许可证就有 80 余种，还有数百种在开源生态中流传的其他许可证。因此，为了明晰具体开源许可证的定义及帮助适用，以下将对常见开源许可证的核心条款和使用要求逐一进行介绍。

一、常见开源许可证条款指引

此处专列表格，详见附件二：《常见开源许可证重点条款指引表》。

二、常见开源许可证使用指引

（一）GNU General Public License（GPL）

GPL 下软件使用方可以自由修改并私下使用相应代码，而无须发布修改后的版本；但如果涉及分发，则软件使用方需要根据 GPL 的约定将修改后的开源代码提供给用户。因此，辨别在 GPL 下构成分发的场景至关重要。

GPL 条款表明，在一个组织或公司内使用不构成分发。[①] 因为在这种情况下，组织或公司只是为自己制作副本，组织或公司可以开发修改后的版本并通过自己的设施安装该版本，而无须允许员工将该修改后的版本发布给外部人员。但如果组织或公司将副本转移给其他组织或个人，这就是分发。特别是向承包商提供副本以供异地使用是典型的分发。那么将副本转移到拥有多数股权和控制的子公司是否构成分发？这个问题要根据相应司法管辖区的版权法而定。如果在某些国家或地区，这种行为被视为分发，那么子公司可以获得重新分发程序的权利。

GPL 的"单纯聚合"和"将两个模块组合成一个程序"条款有很大区别。单纯聚合两个程序意味着仅仅将它们并排放在一起，通常适用于两个单独程序而不是单个程序的一部分组合的情况。因为在这种情况下，其中一个程序被 GPL 覆盖，不会对另一个程序产生影响。但在"将两个模块组合成一个程序"的情况

① 参见《关于 GNU GPL 第 2 版的常见问题》，载 GUN 官网 2021 年 12 月 29 日，https://www.gnu.org/licenses/old-licenses/gpl-2.0-faq.html。

下,如果 GPL 涵盖任何部分,则整个组合也必须在 GPL 协议下发布。[①]

关于兼容性问题,常见许可证中,GPL 与最原始的 BSD 不能兼容。因为原 GPL 约定不得对软件使用方行使权利施加限制,但原始 BSD 中的广告条款对使用方提出了限制,因此两者无法兼容。修改后的 BSD 许可证去掉了广告条款,从而消除了这个问题。

此外,GPL 下的软件不能合并到软件使用方的专有系统中。因为 GPL 开源协议的目标是赋予每个人自由复制、重新分发、理解和修改程序的权利。如果合并到专有系统,则会与 GPL 的约定产生冲突。

(二)Apache License(以下简称 Apache 许可证)

Apache Group(后来更名为 Apache Software Foundation, ASF)于 1995 年发布了其许可证的第一个版本。2000 年,当 Berkeley 形成了修改后的 Berkeley Software Distribution License(以下简称 BSD 许可证)时,Apache 接受了自由软件基金会(FSF)提出的论点并从许可证中取消了广告条款,形成了 Apache - 1.1,删除广告条款意味着任何 Apache 许可产品的衍生作品的广告材料不再需要包含 Apache 许可属性,可以单独在文档中包含。2004 年 ASF 背离 BSD 模型,并通过授予专利权和定义其使用的概念的可靠定义来使其更加连贯,从而产生了 Apache - 2.0。

Apache - 2.0 和 GPL 存在很大区别。最显著的一点在于使用任何 GPL 下的软件后,软件使用方必须发布其完整源代码并允许修改和分发其全部代码;而 Apache - 2.0 没有这种强制性,软件使用方不仅不会被迫发布修改后的版本,还可以选择在不同的许可证下发布修改后的代码(但需要保留未修改部分的 Apache 许可证条款)。在兼容性方面,Apache - 2.0 能与 GPL - 3.0 兼容,意味着在这两个许可下发布的代码可以自由混合,但因为 GPL - 3.0 的传染性,混合后的软件必须在 GPL - 3.0 许可证下发布。

Apache - 2.0 和 Massachusetts Institute of Technology License(以下简称

---

① 参见《关于 GNU GPL 第 2 版的常见问题》,载 GUN 官网 2021 年 12 月 29 日,https://www.gnu.org/licenses/old-licenses/gpl-2.0-faq.html。

MIT 许可证)也有一些区别。虽然 Apache 许可证也是一个宽松型许可证,但它规定了严格的适用条款,如要求保留修改通知、不能以任何暗示 Apache 认可的产品的方式命名产品等。MIT 许可证不强加任何此类条款。

Apache - 2.0 与 BSD 许可证的主要区别是:(1)专利权的明确授予:Apache - 2.0 明确规定了在使用、修改或分发软件时授予专利权;(2)所用概念的明确定义:Apache - 2.0 明确定义了它使用的所有术语和概念,因此几乎没有产生歧义的余地;(3)无须改写即可重用:Apache - 2.0 可以很容易地被其他项目使用,而无须对许可文档本身进行任何改写。

商业产品中可以免费使用 Apache - 2.0 许可软件,但是不得以看起来像是 Apache 认可的方式命名产品,也不得在产品或文档中的任何地方使用任何 Apache 标记。在商业产品中使用 Apache 许可软件时,仍然需要遵守 Apache 许可证规定的条款和条件。

软件使用方可以不加改变地重新使用 Apache - 2.0 许可证,也可以对其进行修改、出售、自己保留或任何其他方式分发修改后的代码。修改后的软件不是 Apache 许可证,只是一个受其启发的新许可证,因此不能在修改后的许可证名称中使用"Apache"。例如"Apache License with such-and-such clause",这样的名称是不可以的,因为它会引起混淆。

(三)Berkeley Software Distribution License(以下简称 BSD 许可证)

原始 BSD 许可证中的广告条款要求软件使用方在所有提及功能或使用其软件的广告材料中,承认任何使用 BSD 许可组件的原始作者。该条款因多种原因受到批评,还使 BSD 许可证与 GPL 不兼容。根据反馈,1999 年原始 BSD 许可证中的广告条款被删除,创建了 BSD - 3.0 许可证。

BSD 许可的宽松性质允许软件使用方将 BSD 许可的组件与专有或开源软件结合起来,但一定要检查要合并的代码的许可证合规性条款。例如,根据原始 BSD 许可证许可组件与根据 GPL 许可的代码不兼容,组合时要仔细考虑兼容性问题。但 BSD - 2.0 和 BSD - 3.0 与 GPL 兼容。

BSD 许可证不授予任何专利权,只授予版权许可证,因此软件使用方在组件时必须自己处理专利。如果软件使用方将此第三方库的源代码或二进制文件上传到其 GitHub 存储库,则必须将整个许可证包含在 GitHub 存储库中。如果不将此第三方库上传到 GitHub,则不必在存储库中包含许可证。如果最终分发组合的是整体作品,BSD - 2.0 规定必须列出版权信息以及许可证的条款和条件。

(四)Massachusetts Institute of Technology License(以下简称 MIT 许可证)

MIT 是最宽松的自由软件许可证之一,人们基本上可以使用 MIT 许可证下的软件做任何想做的事情(包括用于商业用途)——只需确保向其中添加原始 MIT 许可证和版权声明的副本即可。

MIT 也是最简单的开源许可协议之一,目的是让普通用户可以理解文本,并避免可能因其他类似的自由和开源软件许可引起的诉讼。

(五)Artistic - 2.0 许可证

因 Artistic 比 GPL 的限制条款更宽松,Artistic 许可证中不能包含来自 GPL 项目的代码,即不允许吸收 GPL 代码并根据 Artistic 许可证分发该 GPL 代码,但是仅链接到 GPL 库是可以被接受的。

Artistic - 2.0 许可的项目中允许包含根据 Artistic - 1.0 许可的项目的代码。因为除了增加的专利条款和再许可条款外,Artistic - 2.0 的其他条款与 Artistic - 1.0 相同,即 Artistic - 2.0 是比 Artistic - 1.0 更严格的许可证(提供的权利更少),所以任何 Artistic - 1.0 代码都可以作为 Artistic - 2.0 分发。①

(六)Mozilla Public License(MPL)

MPL 允许软件使用方在组织内部修改和分发 MPL 下的软件,这是 MPL 软件开源的一项重要保障。软件使用方可以根据 MPL 的条款进行分发,但如果提供保修,必须明确表明保修是由其单独提供的,因为 MPL 不对文件提供任何保证。

对 MPL 文件的任何更改,或复制了 MPL 代码的新文件都是修改。仅包含

---

① See The Perl and Raku Foundation, *ARTISTIC NOTES 2.0*, The Perl & Raku Foundation, https://www.perlfoundation.org/artistic-notes-20.html.

软件使用方自己代码的新文件不是修改,也不在 MPL 涵盖范围内。因修改或包含修改了属于 MPL 的文件必须按照许可详细作出说明。

如果软件使用方分发自己编译但未更改的 MPL 代码,则必须在显眼处说明在哪里可以找到正在分发的二进制文件的源代码。如果文档有一个部分涉及许可或接收者对代码的权利,需要将 MPL 的副本放入其中。

(七)GNU Lesser General Public License(LGPL)

如要对 LGPL 进行版本升级,需在软件包里加入新版的许可证。首先,如果计划使用 LGPL - 3.0,那么要确保已加入 GPL - 3.0 和 LGPL - 3.0 这两个许可证的拷贝,因为 LGPL - 3.0 现在是作为 GPL - 3.0 的额外许可撰写的。其次,把现有的许可证声明全部替换为新版本。其他讲述软件许可证的描述性文字(如 README)也应该作适当的更新。

LGPL 可以与 Java 等编程语言一起运作,连接 LGPL 库的应用只需遵循 LGPL 第 6 节中的要求:允许新的库版本连接到该应用,并且允许使用反向工程的方法来调试。

(八)Eclipse Public License(EPL)

EPL 是一个弱传染性许可证,如果修改了 EPL 许可的源代码,并且分发了该代码或从该代码构建的二进制文件,就必须根据 EPL 提供源代码。

软件使用方可以使用 EPL 许可的程序,不加修改地编译,并根据 EPL 的条款对结果进行商业许可。分发时,EPL 不要求在目标代码中包含其源代码,但需要包含一份声明,说明源代码的可用位置以及有关如何获取源代码的信息。源代码可能由软件使用方自己提供,或者可以选择提供对源代码来源的引用,如托管在 git. eclipse. org 的存储库。通过分发修改后的程序,即使它只是目标代码的免费版本,软件使用方也有义务向其他人提供修改后程序的源代码。

将根据 EPL 许可的程序的一部分合并到自己的以目标代码形式分发的专有产品中时,软件使用方可以对完整产品使用单一许可,只要它引用 EPL 部分并且就该部分而言符合 EPL 的条款。如果编写了一个模块添加到根据 EPL 许可的程序中,并将模块的目标代码与程序的其余部分一起分发,只要该模块不是本程序的衍生作品,则不需要根据 EPL 的条款提供模块的源代码。

许多 Eclipse 项目需要与 GPL 兼容,但除非在 EPL - 1.0 和 BSD 下对项目进行双重许可,否则 EPL - 1.0 和 GPL 不能兼容。更新后的 EPL - 2.0 可以单独与 GPL 兼容。

(九)Common Development and Distribution License(CDDL)

CDDL 是一个弱传染性许可证。CDDL 仅要求发布在 CDDL 下的代码中使用或修改的 CDDL 许可组件的源代码。如果以可执行形式分发软件,则必须包含源代码形式,但可执行文件可以根据 CDDL 或兼容许可分发。

CDDL 明确授予专利权,其对专利持非常明确的立场——可以使用、修改和重新分发 CDDL 许可的组件,而不必担心代码贡献者可能持有所贡献技术的任何专利。

CDDL 声明了专利报复性条款,CDDL 通过终止任何针对开发者或贡献者(统称参与者)的代码发起专利索赔的人的使用权,来阻止针对参与者的专利诉讼。

CDDL 是基于 MPL - 1.1 形成的,两个许可证之间的主要区别在于与 GPL 的兼容性和简单性:MPL - 2.0 与 GPL 兼容、CDDL 与 GPL 不兼容。CDDL 结构更简单,使用更一致的语言来使许可证更易于理解,并提高开发人员的采用率。

CDDL 与 GPL 不能兼容。GPL 要求软件使用方遵守任何作为原始软件衍生作品的程序,这意味着必须提供其源代码。而 CDDL 规定,如果您的添加是在不包含原始程序的任何部分的独立文件中进行的,那么这些文件不受 CDDL 的约束,也就不必发布这些文件的源代码。GPL 在更改许可证的条款和条件方面采取强硬立场,虽然 GPL - 3.0 允许进行某些添加,但一般规则是不能引入其他更改。与此相反,CDDL 仅使软件的源代码版本受其规定约束,可执行版本可以根据您选择的任何其他许可的条款进行分发,前提是它符合 CDDL 的条款并且可执行文件的许可不会试图限制或改变源代码接收者的权利程序的代码形式。

软件使用方可以在商业产品中使用 CDDL 许可组件,甚至可以销售和转售带有 CDDL 许可组件的软件。当执行这些操作时,需确保仅根据 CDDL 发布软件中包含的任何原始或修改的 CDDL 许可组件,并满足其他条款和条件。

(十)Common Public License(CPL)

软件使用方可以根据 CPL 许可的程序,对其进行编译,并根据 CPL 的条款对结果进行商业许可。不需要在目标代码分发中包含 CPL 许可的源代码,但是需要声明可以从中获得源代码,以及如何获取源代码的信息。

当软件使用方根据 CPL 许可程序的一部分,合并到以目标代码形式分发的自己的专有产品中时,整个产品的目标代码可以在单一许可证下分发。

如果修改了根据 CPL 许可的程序,即使它只是目标代码的免费版本,软件使用方也必须保证其他人可以使用修改后的程序的源代码。

如果软件使用方编写了一个模块添加到根据 CPL 许可的程序中,并与该程序的其余部分一起分发该模块的代码,只要该模块不是本程序的衍生产品,则不必提供该模块的源代码。

(十一)GNU Affero General Public License(AGPL)

AGPL 是一种强传染性许可证,旨在将所有源代码提供给更广泛的开源社区。使用 AGPL 的软件团队需要确保对代码库的所有更改都可供公众使用,即使在服务器端应用程序上也是如此。

AGPL 的优点包括:迫使团队在项目早期考虑他们的许可理念并接受他们的决定;确保开源社区开发的任何代码片段可用,并防止其他人重新打包和销售开源软件。AGPL 的缺点是:由于开源软件迫使所有其他代码也开源,一些团队放弃了 AGPL。

任何个体都可以使用 AGPL - 3.0,但它在公司中并不流行。因为使用 AGPL 时,软件使用方必须为其用户提供一个通过计算机网络获取源代码的方法。大多数公司更喜欢允许用户自由使用开源组件的使用许可证,并在未来将其软件版本转化为商业产品,而不是使用像 AGPL 这样的版权保留许可证。AGPL 由于其激进的开源许可,目前只在不到 1% 的开源项目中使用。

（十二）Server Side Public License（SSPL）

SSPL 对 GPL 作的唯一实质性修改是，它明确了将 MongoDB 作为服务提供的条件。提供公开可用的 MongoDB 的公司必须根据 SSPL 的条款发布其用于提供此类服务的软件，包括管理软件、用户界面、应用程序界面、自动化软件、监控软件、备份软件、存储软件和托管软件，所有这些都使软件使用方可以使用提供的源代码运行服务实例。

（十三）WTFPL

尽管 WTFPL 的有效性尚未在法庭上得到检验，但它已被广泛接受为有效许可。每个主要的 Linux 发行版（Debian、Fedora、Arch、Gentoo 等）都发布了在 WTFPL 版本下获得许可的软件。

WTFPL 可以用于商业用途，根据其含义，WTFPL 下的代码基本可用作任何用途。

第2部分

开源软件之法律合规风险

第四章　风险雷区：开源软件常见风险

纵观IT行业的发展，开源软件已经成为推进行业不停进步的巨大力量。据相关数据平台统计，全球90%以上的云服务器操作系统和80%以上的移动操作系统都基于开源软件。目前，国际政府组织与科技巨头正积极采取治理行动改善开源风险。随着开源组件的不断增多，大量的第三方开源组件被集成到软件中，导致软件供应链变得越来越复杂。开源软件供应链关系网络越发复杂和多元化，导致信息系统的防护难度越来越大。2022年，Apache Log4j等基础开源软件频现高危风险，多个国家和大量企业均因此遭受严重损失。2022年1月和5月，美国白宫集结30余家科技企业与政府机关举行开源软件安全峰会，商讨应对开源软件供应链风险挑战。①

目前开源软件渗透到了我国关键信息基础设施和软件开发之中，我国已经成为全球开源的智库高地。然而，由于开源软件本身的特殊性，在使用或引入开源软件或代码时，可能会面临诸多风险，导致软件使用方在使用开源软件时严重缺乏安全感。开源软件风险主要来自以下几个方面：

首先，很多开源软件源于海外开发者，贡献者数量众多且遍布全球，常用的多个开源软件许可证作为舶来品，争议解决多适用外国法，因此一旦产生纠纷，将面临语言和法域的隔阂。

其次，开源软件往往由多人贡献，人为或无意识的软件漏洞无法避免，加之开源软件许可证具有传染性，一旦基础源代码存在安全漏洞，那么后续以此为基础的代码都会被波及。

---

① 参见中国信息通信研究院：《全球开源生态研究报告（2022）》，2022年9月。

最后,由于行业领先企业和关键信息基础设施运营者也会使用开源软件,特别是可能在基础系统中使用开源代码,这加剧了开源软件风险的影响力。

由此,很多开源软件的风险已在悄无声息地蔓延,这些风险一旦爆发,不仅会影响软件使用方的软件安全,也会对整个行业产生不可估量的影响,甚至波及公共安全和国家安全。例如,Log4j2 组件中被发现存在远程代码执行漏洞,该漏洞由于被大量应用于关键业务系统的底层开发,危害十分严重,被称为"核爆级漏洞"。

由于开源软件影响面广、影响程度深,我国在《"十四五"规划》中首次提出完善开源生态的目标,强调"支持数字技术开源社区等创新联合体发展,完善开源知识产权和法律体系,鼓励企业开放软件源代码、硬件设计和应用服务"①。

基于此国家战略,软件使用方在拥抱开源的同时,也要做到重视开源软件合规体系的建设。建设开源软件合规体系的基础在于,在引入和使用开源软件时,对开源软件、开源协议及相关风险保持清楚准确的认识,做到正确使用开源软件。

常见的开源软件相关风险主要有以下六个方面。

第一节 商誉风险

开源软件的权利人对未遵守开源许可证的行为进行舆论谴责,可能会引起软件使用方商誉受损的风险。

例如,开源项目 SeaweedFS 的作者 Chris Lu 控诉京东 TigLab 项目涉嫌抄袭代码,表示京东的项目使用了他的开源代码,但是没有根据 Apache-2.0 协议的许可条款添加引用说明,侵犯了自身的合法权益。虽然此后京东也积极向 Chris Lu 道歉,但是此类事件对于企业的社会形象来说是一个打击。再如,我国电子

① 第十三届全国人大第四次会议:《中华人民共和国国民经济和社会发展第十四个五年规划和2035年远景目标纲要》,2021年3月11日。

书厂商 Onyx 无视 Linux 内核协议,拒绝遵循 GPL 发布其源代码,激起许多人的不满。

因此,公司在使用开源软件时,需要谨慎选择开源软件,关注其开源许可证的内容及相关条件。应当建立一个完善机制,识别所使用的开源软件清单,明确对应的开源许可证及权利约束,及时规避合规风险。在使用传染性较强的许可证时,通过一些技术手段(如隔离机制)避免开源,如对于 MPL 代码的使用,可以把该许可证的代码放在单独的文件内避免许可证传染;对 LGPL 下的代码,可采用动态链接调用该许可证的库实现隔离。

第二节　安全风险

开源项目的安全记录方式没有明确的标准可以遵循,在 GitHub 上排名前 40 万的公共代码库中,仅 2.4% 的项目有安全文档,且新的安全漏洞不断,缺乏查找并修复漏洞的响应机制。相当部分的开源协议本身有无担保的声明,原始编写者对新加入内容存在的产品瑕疵,不承担担保责任。

开源软件本身具有公开透明的特点,在应用中产生安全漏洞和数据泄露的风险较高。如果内部员工疏忽或故意将包含密码、密钥等内容的源代码上传至开源社区,亦会导致数据泄露的发生,对企业造成重大影响。①

因此软件使用方应梳理内部开源软件使用情况及依赖图谱,保证软件成分可知可控。同时要将合规工作前置,重视开源代码准入标准和流程,避免使用高风险的许可证。

开源软件的安全风险包括软件漏洞风险和软件断供风险。

① 参见中国信息通信研究院:《开源合规指南(企业篇)》,2022 年 5 月。

一、开源软件漏洞风险

根据 Snyk 和 Linux 基金会 2022 年发布的开源安全调查报告，一个应用程序开发项目平均有 49 个漏洞和 80 个直接依赖项。此外，修复开源项目漏洞所需的时间也在逐步增加。2018 年修复安全漏洞平均需要 4 天，而 2021 年修复一个补丁大约需要 110 天。《2021 年开源软件供应链安全风险研究报告》调查结果显示，2020 年新增漏洞中，高危漏洞占比最高，数量为 1826 个。使用过时的、存在漏洞的开源组件仍然是软件开发过程中的常态。《2022 开源安全与风险分析报告》围绕五个指标对代码库中的开源项目维护情况进行了统计，结果显示包含两年无任何开发活动的组件在代码库中的占比为 88%，包含过时四年多的开源代码在代码库中的占比为 85%。

除此之外，开源漏洞传播性风险也非常严重。国家计算机网络应急技术处理协调中心发布的《2021 年开源软件供应链安全风险研究报告》显示，原始样本中有 6416 个开源组件，受组件依赖关系的影响，开源漏洞一级传播一共波及 801，164 个直接依赖组件，其影响范围扩大 125 倍。二级传播一共波及 1，109，519 个间接依赖组件，影响范围扩大 174 倍。开源模式下开源软件传播快、应用广，客观上加剧了安全漏洞传播的速度和范围，造成传染性传播的局面。以 Apache Log4j 漏洞为例，2021 年 12 月 10 日 Apache Log4j 库首次公开披露 Log4Shell 高危漏洞，6 个月后该漏洞造成的影响余波未平。Rezilion 公司发布的研究报告显示，60% 的开源组件仍包含该漏洞，近 40% 易受攻击的 Log4j2 组件仍被下载，许多易受 Log4Shell 漏洞影响的应用程序未更新修复。①

因此，开源软件安全风险不容忽视。但开源漏洞信息往往散落分布在各社区，很多漏洞信息不能及时被官方收录，加之缺少漏洞信息跟踪能力，给软件供应链安全管控增加了难度。同时，由于漏洞修复具有滞后性，开源软件被攻击的

---

① 参见中国信息通信研究院：《全球开源生态研究报告（2022）》，2022 年 9 月。

风险也大大提高。

安全漏洞产生的原因多样化，最主要的原因是开发人员的安全意识和技术能力参差不齐，他们往往更注重效率，而不能保证软件的质量与安全。随着代码复用程度越来越高，黑客组织开始盯上开源软件，极易造成对软件供应链上游的攻击。

然而，即便开源代码中新的安全漏洞不断被发现，但很多项目缺乏查找及修复漏洞的响应机制。如果底层开源组件出现安全漏洞，又缺少专业的负责人能准确的锁定这些问题组件将传染给哪些商业产品、影响哪些业务领域，漏洞问题得不到及时解决，安全风险问题将愈加严重。

二、开源软件断供风险

开源自诞生之日起，就伴随着种种质疑：开源软件是否真的"开源"？开源软件是否真的安全？开源精神到底能否为开源软件保驾护航？2022 年 3 月，全球最大开源代码托管平台 GitHub 被报道指出将限制俄罗斯开发人员访问其代码库，尽管 GitHub 平台已就此事发表公开声明，表示并未阻断相关权限，但开源软件断供风险再次被推到了产业各界高度关注的风口浪尖。

我国开源软件使用方众多，如果国外的软件提供方利用开源软件中的恶意代码、病毒、后门等对我国使用的开源软件进行监视或攻击，或以国防安全为由，更新开源协议、限制使用等，均将使我国开源软件供应链安全遭受致命打击。

应对开源软件断供风险，最重要的是提高自主创新能力，自研开源软件，建设我国自己主导的开源社区和开源生态体系，提升软件使用方的商业话语权和技术话语权。

第三节 许可证风险

一、许可证自身风险

开源软件许可证在使用中最常见的四种风险分别是许可证冲突问题、自定义许可证问题、许可证缺失问题以及开源软件来源不明问题。

许可证冲突问题，是指不同许可证的开源项目，依据其各自的许可证条款规定，无法进行合并或融合而带来的风险。影响开源项目是否能够兼容的关键因素在于各个程序之间是否可独立。如果不可独立，则需要考虑许可证是否有强传染性，是否有要求必须使用原许可证等问题。

自定义许可证问题，是指在没有明确的权利授予条款的情况下，软件使用方若引入了外部的自定义许可证，可能导致严重的侵权结果发生。在没有明确的权利授予条款的情况下，软件使用方可以考虑自行拟定自定义条款。

许可证缺失问题，是指在开源软件没有许可证的情况下，由于版权法默认禁止共享，没有许可证的软件就等同于保留版权。虽然软件进行了开源，但软件使用方只能对源代码进行浏览。若对该源代码有使用、修改或衍生等行为，则会侵害开源软件权利人的版权权益。

开源软件来源不明问题主要是因开源软件贡献者较多。如果前一贡献者提交的开源代码存在瑕疵，该瑕疵将导致后续使用行为直接侵犯原始权利人版权。根据开源协议的免责声明，后续的使用者需承担由此引发的全部法律责任，风险不可谓不大。

二、许可证传染性风险

开源协议的传染性，是指有些开源软件在许可证中规定该软件在复制和分发时,必须采用相同的许可证类型进行开源。在各许可证条款本身的传染性义务要求不同的情况下,若疏忽了此义务要求,很可能会产生传染性风险。

根据开源协议的传染性义务要求严格程度,将开源协议划分为以下四种类型:

宽松型开源协议,允许修改代码后闭源,没有传染性。常见的有 MIT、BSD、Apache－2.0。

弱传染型开源协议,允许修改开源代码或者将其进行衍生,但需要依照许可证开源源代码,保证其他人在许可证下共享源代码。顾名思义,这类开源协议传染性较弱。常见的有 LGPL－2.1、LGPL－3.0、MPL－2.0、CDDL－1.0、EPL－1.0。

传染型开源协议,只要软件的部分代码使用了该许可证,则完整发布时整体软件都要适用该许可证,具有标准的传染性。常见的有 GPL－2.0、GPL－3.0。

强传染型开源协议设计的目的是应用于网络应用程序,避免公司以应用服务提供商的方式逃避协议条款。在修改的代码用于听云服务或其他远程网络交互时,也需要开源。常见的有 AGPL－3.0。

第四节　知识产权风险

公开、自由与创新等开源精神对促进软件产业的发展具有积极意义。然而,在应用或引进开源软件时,知识产权风险将难以避免。如果软件使用方在引入开源软件时,因不了解知识产权风险而导致法律争议或商业争议,将对其经济与声誉方面带来巨大的损失。

一方面,应用开源软件存在违反开源协议的知识产权风险。从法律上讲,开源协议可以看作一种合同和许可,如果开源软件用户没有依照相应的开源协议进行使用,将可能对开源软件的权利人构成知识产权侵权。另一方面,开源软件本身也可能存在侵犯知识产权风险。当使用或引入开源软件时,如果因为该开源软件曾使用或引入了第三方的私有软件或代码，那么在后续的应用与引进过程中遭到第三方权利人的诉讼时，软件使用方也可能承担侵权责任。①

开源知识产权风险主要包括著作权、专利权、商标权侵权风险三个方面。

一、著作权侵权风险

常见的著作权侵权情形包括以下三类。

1. 未保留版权声明

版权声明包括软件名称、作者或者版权所有者姓名，未保留的则可能侵犯署名权。

2. 未保留许可声明和免责声明

开源软件一般可以免费使用，原权利人一般不承担任何责任，因此在对开源软件进行使用、修改、衍生或二次分发等时，软件使用方需明确许可证类型及其权利义务，将原权利人的免责声明条款进行保留。

3. 未提供修改声明

Apache－2.0、LGPL－2.1、GPL－2.0 要求提供修改声明并区分代码，未提供修改声明可能导致软件权利人终止授权，导致后续的行为都变成侵权。

二、专利权侵权风险

常见的专利权侵权风险情形包括以下两类。

1. 开源协议未明示专利权许可

例如，在 BSD 或 MIT 许可证中，开源软件权利人将与该开源软件相关的技术方案申请并取得了专利权，被许可人在使用该开源软件时，即使遵守了许可证

① 参见中国信息通信研究院：《开源许可证使用指南（2018）》，2018 年 10 月。

的要求,也可能因为专利权授权的不明确而面临专利权侵权风险。

2. 开源软件本身存在专利权侵权风险

开源软件参与人员复杂、组织松散且遍布全球,像 Linux 这样的大型开源软件可能会有上千人参与其中。如果某一参与人未经许可,修改或编写的代码将第三人的软件专利覆盖,此种情况可能会构成整个开源软件的专利侵权。

专利侵权对于开源软件项目和开源社区的发展来说都是一种威胁。软件专利保护是一种独占性保护,但同一种软件算法可能不止有一种实现方式,这就导致开源软件作者在开发过程中很难了解到其采用的算法和设计是不是已经被其他软件申请了专利。[①] 如果某一开源软件被加入了侵权代码,在其向下授权的过程中,不管被授权的开源软件是被用于进一步的商业开发,还是继续开源,在后续软件中都将一直存在这种专利侵权风险。[②]

实践中,Unix 系统开发商 SCO 公司控告软件制造商 IBM 公司,声称 IBM 公司将专利权归其所有的 Unix 组件用在了免费开源 Linux 操作系统中。随后,SCO 公司向全球 Linux 用户致信,声称 Linux 操作系统侵犯了其 Unix 专利权。迫于诉讼威胁,许多使用开源 Linux 软件的公司为继续合法使用该软件,开始购买其专利授权。如果该诉讼指控的侵权事实成立,那么 IBM 对开源社区贡献的源代码就将失去法律基础,Linux 操作系统合法性也会遭到质疑。虽然 Linux 软件因其特有的开源优势,加之获得了全世界开源软件用户的支持,诉讼发生后获得了更大的市场份额,但是这一诉讼给以 Linux 为代表的开源运动敲响了专利威胁的警钟。

三、商标权侵权风险

常见商标权侵权风险情形包括以下两类。

---

① 参见邓集彦:《初探开源软件的专利风险》,载《法制与社会》2015 年第 5 期。

② 参见胡平等:《开源软件的专利风险及应对策略》,载《中国发明与专利》2013 年第 2 期。

1. 反向假冒

若软件生产商去掉其他厂商的源程序包中的商标，经过加工，加上自己的商标集成到新的发布版本中，这种行为会使得他人商标在同类产品市场上的影响力减弱，构成商标侵权。

2. 使用未经授权的认证商标，也可能会构成商标侵权

商标的目的是区别商品和服务的来源，开源软件是使用者在原有开源软件的基础上开发的新产品，开源软件的使用者未经正式授权或未按照许可证规定，不得擅自使用贡献者的商标、商号、服务标记等进行商业性宣传和使用。

开源软件的开源许可证协议虽具有全球性，但商标具有地域性。若在相应地区未遵守商标授权相关规定，则会造成商标侵权。主要包括：未经 OSI 认证的开源许可协议，违规使用 OSI 关于 open source 的商标；未经正式授权或未按照许可证规定，擅自使用许可人商标、商号、服务标记等进行商业性宣传和使用。①

第五节 违约风险

如开源软件使用方违反开源协议的义务或要求，是否应承担合同违约责任。对于这一问题，目前各国法律或法院没有一致的规定或达成一致的见解。

在美国，一些法院认为软件许可证是合同，一些法院则认为是许可。合同和许可之分在美国法上具有重要意义。如果是合同，那么需要适用各州不同的合同法；如果是许可，那么需要适用统一的联邦版权法。除此之外，合同的违约救济和版权的侵权救济也有着诸多不同，如行为保全等禁令的适用、判赔额的确定、律师费的分担等。

2017 年，在美国加利福尼亚州北区联邦地区法院的 Artifex Software, Inc. v. Hancom, Inc. 21 一案中，审理法官明确表明，如果开源软件使用者违反了 GPL -

① 参见宁初明：《开源软件商业应用过程中的知识产权风险》，载知产力网 2022 年 11 月 21 日，https://www.zhichanli.com/p/959974967。

3.0 协议的义务或要求,除了可能侵犯知识产权外,亦可能构成合同违约。在此情况下,开源软件作者除了可以寻求知识产权侵权救济外,也可以请求其承担合同的违约责任。

大陆法系国家普遍认为开源许可证是一种合同,只不过这种许可合同并非协商达成,而是事先制定好的标准化格式合同。具体来讲,开源协议是涉及版权、专利、商标等一系列权利义务的格式合同,软件一经引用则协议自动生效。

因版权法默认禁止共享,所以要进行软件开源,必须明确授予用户开源许可证。著作权人通过许可证将其复制权、发行权、修改权等附条件许可给不特定公众。分析近年来我国法院审理的涉开源软件许可证的案例可知,目前我国法院的观点是将开源协议视为受我国法律法规调整的著作权许可使用合同,违反开源协议即构成合同违约。

依据我国《民法典》的规定,在合同违约的情况下,违约方应承担的违约责任主要有继续履行、采取补救措施以及赔偿损失三种。由于涉及继续履行的问题,不少公司会产生是否被强制开源的担心。实践中,我国法院多采取赔偿损失等责任形式来弥补当事人的损失,较少作出继续履行类判决。尤其是,考虑到强制公开一方当事人的源代码这类判决执行难度大、成本高、效果差,从执行层面来看,法院作出此类判决的可能性也不大。

第六节　诉讼风险

目前,我国软件使用方引入的开源软件多源于美国等国家。大量被广泛使用的开源软件所属的开源组织或开源托管平台,也声明了其遵守美国出口管制条例或司法管辖权属于美国法院。

一、管辖权问题

司法管辖权又称为审判权，是指法院或司法机构对诉讼进行裁决和判决的权力。一般来说，用户在使用某网站或在某平台注册会员时，网站或平台的使用/会员条款中往往会约定司法管辖权，用户如同意此协议条款，则代表合同双方均同意只能在该指定的司法领域解决可能出现的纠纷。

GitHub、SourceForge 和 GoogleCode 三个代码托管平台均明确声明遵守美国出口管制条例，且司法管辖权均在美国加利福尼亚州。如果美国修改出口管制条例，新增对一些核心基础软件的管制，那么三大托管平台会有大量开源项目被增加限制。一旦美国针对中国公司的贸易管制政策扩展到开源项目，中国公司托管在海外的开源代码资产将可能被冻结。若我国软件使用方引入了 GitHub、SourceForge 和 GoogleCode 这三个代码托管平台的开源软件，那么所有有关使用条款的纠纷，都将参照美国加利福尼亚州法院的既往判决，我国公司在诉讼中将处于劣势地位。①

二、法律适用问题

目前，我国暂无关于开源软件相关诉讼立法。因软件使用方引入开源软件时，实质上是同意了一份著作权授权协议，所以发生争议时，开源协议条款就可以作为审判依据的参考。

但是，如果开源协议条款与现行法律体系存在冲突，审理开源软件相关的案件时就会产生法律适用的难题。例如，CDDL－1.0 与欧洲版权法冲突：CDDL 有 1.0 和 1.1 两个版本，二者的区别在于 CDDL－1.1 对 CDDL－1.0 作了一些更正，用于修正 CDDL－1.0 与欧洲版权法的抵触条款。但是，两个许可证目前

---

① 参见陈健、陈志：《警惕开源软件风险，提升我国软件供应链科技安全》，载《科技中国》2021 年第 3 期。

是并存状态，除非软件初始开发人员禁止适用更新后的版本，否则软件使用方可以自由选择是否适用更新后的版本。如软件使用方不对应用的 CDDL－1.0 更新，或自愿选择适用 CDDL－1.0，则要面临欧洲版权法不能适用的问题。

第五章　案例评析:法庭上的开源软件分析要点

第一节　中国开源软件案例评析

一、数字天堂(北京)网络技术有限公司与柚子(北京)移动技术有限公司等侵犯计算机软件著作权纠纷案

2019 年 11 月 6 日,北京市高级人民法院对数字天堂(北京)网络技术有限公司与柚子(北京)移动技术有限公司和柚子(北京)移动技术有限公司侵犯计算机软件著作权纠纷一案(以下简称数字天堂公司与柚子公司软件著作权纠纷案)作出终审判决。这是我国首个明确 GPL－3.0 协议性质的司法案例,法院认定开源协议具有合同性质,开源代码使用者的违约行为会触发协议的“终止授权条款”,由于失去权利来源,使用者需要承担侵犯著作权的后果。

1. 案情简介

原告数字天堂公司开发了软件 HBuilder,该软件包括三个插件:代码输入法功能插件、真机运行功能插件、边改边看功能插件(以下简称三涉案插件)。被告柚子公司开发了软件 APICloud。数字天堂公司认为,柚子公司的 APICloud 使用了上述三涉案插件的 GPL 开源代码,侵害了其对 HBuilder 享有的复制权、修改权和信息网络传播权,因此起诉到法院,请求法院判决柚子公司公开赔礼道歉、消除影响并赔偿自己全部经济损失。

对于原告提出的诉请,被告柚子公司辩称 HBuilder 软件属于遵循 GPL 协议可以开放源代码的软件,对于使用 GPL 协议的开源软件,任何第三方都有权不经著作权人的许可,直接使用源代码并构建衍生软件作品,只要在

衍生软件作品中也使用 GPL 协议，就不构成对著作权的侵犯。

一审中，北京知识产权法院查明了以下事实：(1)数字天堂公司的 HBuilder 软件属于《著作权法》下的计算机软件作品，数字天堂公司是该软件作品的著作权人。(2)数字天堂公司是 HBuilder 软件中三涉案插件的著作权人。(3)根据鉴定机构对 APICloud 软件与 HBuilder 软件同一性鉴定出具的鉴定意见，柚子公司 APICloud 软件中对应插件源代码部分与数字天堂公司的三涉案插件构成同一性。(4)根据鉴定机构对数字天堂公司三涉案插件的源代码与在先第三方及开源软件源代码同一性鉴定出具的鉴定意见，三涉案插件的源代码仅有一小部分与第三方或开源软件的源代码相同。(5)三涉案插件处于独立的文件夹中，且文件夹中均未包含 GPL 协议。(6)HBuilder 软件的根目录也不存在 GPL 协议。尽管 HBuilder 软件中包含的其他文件夹中含有 GPL 协议，但 GPL 协议对三涉案插件并无约束力。(7)三涉案插件不属于应根据 GPL 协议开放源代码的衍生软件作品。①

二审审理过程中，柚子公司称数字天堂公司的 HBuilder 软件(包括三涉案插件)应整体受到 GPL 协议的约束，必须依据 GPL 协议的规定承担开放源代码的义务，并针对三涉案插件的独立性认定问题再次提出司法鉴定申请。但二审法院以柚子公司在一审程序中怠于行使举证责任，在二审诉讼中再次提出第三次鉴定申请有违司法程序公正和司法程序效率，且司法鉴定申请内容与本案待证事实之间并无直接关联性为由，驳回了司法鉴定申请。同时，二审法院承继了一审法院对于三涉案插件不受 GPL 协议约束的论述，维持了柚子公司的行为构成侵犯数字天堂公司著作权的判定。②

本案的争议焦点在于三涉案插件是否属于独立的软件作品。柚子公司在二审中提出 GPL 协议的“传染性”问题，主张涉案软件已经采用了 GPL 协议，那么无论其他人是否仅使用软件的部分插件，GPL 协议的传染性会

① 参见北京知识产权法院民事判决书，(2015)京知民初字第 631 号。
② 参见北京市高级人民法院民事判决书，(2018)京民终 471 号。

使整个软件整体适用 GPL 协议，成为可供其他人使用的开源软件。[1] 法院首先认可了 GPL 协议的法律效力，但并没有支持柚子公司的这一抗辩，理由是柚子公司已认可三涉案插件文件夹和 HBuilder 软件的根目录下都不存在 GPL 协议。法院认为，在涉案插件的文件夹与涉案软件的根目录都不存在 GPL 协议文件的情况下，尽管涉案软件其他文件夹中包含了 GPL 协议文件，但该协议对于三涉案插件并无拘束力。

因此，在终审判决中，北京市高级人民法院对依据 GPL 协议所产生的开放源代码衍生软件作品进行了法律解释，反驳了柚子公司提出的 HBuilder 软件三涉案插件属于应遵循 GPL 协议开放源代码的衍生作品的抗辩理由，认定 APICloud 软件复制并修改 HBuilder 软件中的三涉案插件的行为构成对数字天堂公司复制权、改编权及信息网络传播权的侵犯，因此判令柚子公司停止侵权，并赔偿数字天堂公司 71 万元。

2. 法律分析

开源软件作为开放、自由和共享等理念的践行者，通常不要求软件使用方支付费用或另行获取著作权人的许可。但是，开源软件通过适用的开源许可协议明确了使用时应遵循的条件，软件使用方需要按照开源软件许可协议使用开源软件。一旦开始使用开源软件，就视为已同意接受开源软件附随的许可协议，遵守其中规定的条件；如果未能遵守，则会构成对开源软件著作权的侵犯。

近年来，开源软件在我国软件使用方中的应用范围逐年扩大，开源许可协议受到了更多的关注。数字天堂公司诉柚子公司软件著作权纠纷案作为我国司法实践中第一个涉及 GPL 协议的案件，对开源许可协议在我国司法程序中的效力认定和我国法院对于 GPL 协议的条款解读具有重要的参考意义。对于本案涉及的 GPL 协议"传染性"这一关键问题，一审法院大篇幅引用了 GPL－3.0 许可协议的规定，二审法院也同样接受了一审法院关于 GPL 协议效力问题的论述。这表明我国法院承认 GPL 协议在中国具有法律约束力。但从裁判结果来看，法

① 参见《国内涉开源协议典型案例分析》，载微信公众号"工信部电子知识产权中心"2022 年 4 月 14 日，https://mp.weixin.qq.com/s/L1zWNWBaCT4i4tcwtBnteA。

院没有对传染性条款进行深入审查讨论,在开源协议“传染性”的问题上仍有很大的讨论空间。①

目前,大部分的开源软件许可协议来源于国外,官方发布的是英文版本,中文翻译版本在中国的法律效力一直存疑。在本案中,法院虽然没有明确论述 GPL 协议的法律效力,但是大篇幅引用了 GPL-3.0 协议的原文,并论述 GPL 协议对三涉案插件是否具有约束力。笔者认为,这就相当于默认 GPL 协议在中国的法律效力,在很大程度上消除了未来有关开源软件许可协议在中国诉讼中法律效力认定的不确定性。

但是,法院并未深入探讨或阐述对 GPL 协议“传染性”的理解,对三涉案插件是否构成独立作品、是否应受到 GPL 协议约束的判断也引起了很多争议。对此,笔者解读如下:

首先,根据 GPL-3.0 协议的要求,一旦使用以 GPL-3.0 协议许可的开源软件,被许可人在传播 GPL 开源软件或其修订版本时,都应当遵守 GPL 协议的要求开放源代码,并同样使用 GPL-3.0 协议对外提供许可,允许其他人根据 GPL-3.0 协议条款使用 GPL 开源软件或其修订版本,这就是开源业界经常提到的 GPL 协议的“传染性”。

但是,GPL-3.0 协议也明确规定了一个例外情形。GPL 协议允许被许可人制作并发布一个聚合版,即使其中包含非开源软件或与 GPL 协议不兼容的其他开源协议也可以,只要被许可人制作的聚合版许可协议不禁止用户行使每个独立程序许可协议允许的权利。对于与 GPL 开源软件聚合在一起的独立的程序,如果其本质不是 GPL 开源软件的衍生品,也不是与 GPL 开源软件结合成一个更大的程序,那么 GPL 协议并不会“传染”此类独立的程序,GPL 协议条款对其不具有约束力。

由此可见,本案中三涉案插件是否应遵守 GPL 协议,应取决于三涉案插件是独立的程序,还是 GPL 开源软件的衍生作品。根据 GPL 开源协议官网对“聚

---

① 参见《国内涉开源协议典型案例分析》,载微信公众号“工信部电子知识产权中心”2022 年 4 月 14 日,https://mp.weixin.qq.com/s/L1zWNWBaCT4i4tcwtBnteA。

合版”和“修改版”的对比分析:“聚合版”包含有多个独立的程序,并在同一个CD-ROM 或其他媒体上发行。[①] 但究竟如何区分两个独立的程序和一个程序的两个部分,最终需要法官结合具体的案情来决定。

本案一审法院仅以“处于独立的文件夹”和“文件夹中没有 GPL 开源协议”认定三涉案插件属于独立的程序,不受 GPL 协议的约束的判断标准比较简单,因此说服力不够。虽然二审法院提到“数字天堂公司现有证据不足以证明三涉案插件可以独立于 HBuilder 开发工具软件中的其他程序独立运行”,但依照此逻辑,如三涉案插件不可独立运行,恰恰说明其与其他程序之间的关系紧密,那么被“传染”开源许可协议的可能性是否会更大?这些问题在本案中都没有得到解答。

抛开以上争议和问题,本案作为国内开源软件诉讼第一案,在开源风险防控方面,对其他开源软件使用方具有十分重要的参考意义。

GPL 协议作为典型的传染型开源许可协议,在实践中应用范围十分广泛。GPL 协议旨在保护对 GPL 开源软件复制、修改和创建衍生作品的权利,但使用 GPL 开源软件或创建其衍生作品均需根据 GPL 协议条款,对外开放源代码。这对软件使用方的商业产品造成了很多限制,毕竟 GPL 协议的“传染性”可能会导致整个商业软件被要求开放源码,引发商业损失。那么,怎样才能既使用 GPL 开源软件,又避免 GPL 协议的传染性呢?

首先,GPL 协议的触发点是“分发”(Distribute)或“输送”(Convey)。[②] 也就是说,如果被许可人只是使用 GPL 开源软件,但不对外分发或输送 GPL 开源软件或其衍生作品的副本,则不会受到 GPL 协议的约束。如果被许可人使用电子邮件、U 盘、网页链接、私有化部署等方式提供给用户下载或安装 GPL 开源软件,都视为构成了分发或输送。在这种前提下,可以通过软件运营服务

---

① 参见《关于 GNU GPL 第 2 版的常见问题》,载 GUN 官网 2021 年 12 月 29 日,https://www.gnu.org/licenses/old-licenses/gpl-2.0-faq.html。

② 参见《关于 GNU GPL 第 2 版的常见问题》,载 GUN 官网 2021 年 12 月 29 日,https://www.gnu.org/licenses/old-licenses/gpl-2.0-faq.html。

(Software as a Service, SaaS)的模式,即在后端服务器部署 GPL 开源软件,而用户无须进行任何安装,直接通过网络远程接入服务的方式使用,则可以避免 GPL 协议的"传染性",这也是当下公有云服务厂商经常采用的一项规避措施。

其次,GPL 开源协议明确规定了一种例外情形,即 GPL 协议并不会"传染"那些仅仅与 GPL 开源软件聚合在一起,本质既不属于 GPL 开源软件的衍生,也不是与 GPL 开源软件结合成一个更大程序的独立程序。只要不将 GPL 开源软件和商业软件产品存放于共享地址空间,而是通过管道、套接和命令行参数等方式达成独立程序之间的通信,以此实现软件之间的隔离,就可以规避 GPL 协议的"传染性"。①

二、北京闪亮时尚信息技术有限公司、不乱买电子商务(北京)有限公司侵害计算机软件著作权纠纷案

与数字天堂公司诉柚子公司软件著作权纠纷案相同,不乱买电子商务(北京)有限公司诉北京闪亮时尚信息技术有限公司侵害计算机软件著作权纠纷案(以下简称不乱买公司诉闪亮公司软件著作权纠纷案)的争议焦点,也集中在 GPL 协议的传染性问题上。

1. 案情简介

原告不乱买公司开发的网站"不乱买"是一个创新的海淘搜索引擎,其中使用的名为"不乱买时尚海淘软件"(以下简称不乱买软件)在国家版权局进行了计算机软件登记。被告闪亮公司旗下网站"闪亮时刻"也同为海淘搜索引擎。原告主张被告的相关代码文件使用了不乱买软件的源代码,因此认为被告的行为损害了其依法享有的署名权、修改权、复制权等权利,故请求法院判令被告承担停止使用、公开道歉并赔偿损失的法律责任。

针对这一侵权行为诉请,闪亮公司辩称,根据 GPL 协议的规定,只要软

① 参见《GPL 协议中国第一案尘埃落定,相关开源软件应如何风控?》,载博客园网 2020 年 1 月 6 日,https://www.cnblogs.com/qcloud1001/p/12155117.html。

件在整体上或某个部分使用了来源于遵循 GPL 代码的文件，整个软件源码就必须无偿向所有第三方公开整套软件的源代码，无论前端代码还是后端代码，自己使用 GPL 协议许可的开源软件不构成侵权。

一审法院认为，不乱买公司的网页仅有前端代码明确使用了开源代码，而其主张权利的是后端代码。前端代码开发主要是指前端用户可见的操作界面如页面布局、交互效果等页面设计的一种实现方式，后端代码开发则主要是指后端用户不可见的服务端相关逻辑功能等模块的实现，二者展示方式不同、所用技术不同，分工亦有明显区别，属于可独立的程序。① 因此，一审法院认为，GPL 协议对涉案权利代码并无拘束力，被告的抗辩意见未被采纳。

随后闪亮公司上诉，并主张不乱买公司的前端代码和后端代码存在交互且没有进行有效隔离，不是相互独立的。经过审理，二审法院查明了以下情况：

(1) 不乱买公司享有涉案软件著作权

根据《计算机软件保护条例》有关规定，软件著作权属于软件开发者，如无相反证明，在软件上署名的自然人、法人或者其他组织为开发者。原告网站有版权署名信息，且其提交的网站源代码形成时间显然早于被告网站上线日期。在原告已就其享有涉案软件著作权提交初步证据且被告并未举出反证的情况下，法院对原告的权利予以认可。

(2) 闪亮公司实施了侵犯著作权的行为

我国司法实践审理著作权侵权案件时，判断被诉侵权作品是否使用了享有著作权作品的方法一般适用“接触 + 实质性相似”原则。首先，综合原告提供的证据以及查明的事实，认可被告具有接触到原告涉案权利软件的可能性。其次，基于比对结果及技术分析可知，本案抽样比对的绝大部分程序文件在程序逻辑和结构方面实质相同、函数变量命名特点相同或相似，且

① 参见最高人民法院民事判决书，(2019) 最高法知民终 663 号。

被告不同文件的代码中多次出现与原告程序中相同的注释错误，据此可认为两者实质相似的比例较高，被告的该行为落入原告的复制权及修改权的保护范围。

(3)前端代码与后端代码需要独立评价

涉案软件前端代码与后端代码在展示方式、所用技术、功能分工等方面均存在明显不同，可以分别独立打包、部署，不能因前端代码与后端代码之间存在交互配合就认定二者属于一体。原告不乱买公司主张的权利明确为后端代码，其虽在前端代码中使用了开源代码，但鉴于前、后端代码开发属于可独立的程序，也即原告后端代码程序并非其前端程序的衍生品或修订版本，故根据 GPL 协议的相关规定，该协议对涉案权利代码并无拘束力。

(4)闪亮公司侵犯了不乱买公司的软件署名权

计算机软件的署名权，是指表明开发者身份、在软件上署名的权利。闪亮时尚公司在被诉侵权软件中使用了不乱买公司软件代码，但没有表明该部分软件代码开发者的身份及来源，该行为已侵害原告就其软件享有的署名权，依法应当承担赔礼道歉的民事责任。[①]

本案的争议焦点同样是 GPL 协议的传染性问题。最高人民法院在二审判决中认为，根据 GPL 协议开源传染性的例外条款对“聚合体”的规定，GPL 协议的“传染性”应当是指 GPL 协议的许可客体既包括受保护程序本身，又包括受保护程序的衍生程序或修订版本，但是不应包括与其联合的其他独立程序。所以，虽然不乱买公司认可其前端代码中使用了 GPL 协议下的开源代码，但其主张权利的是后端代码，其后端代码是独立于前端代码的其他程序，并不受 GPL 协议的约束，无须强制开源。因此，闪亮公司在未获授权的情形下使用不乱买公司的开源软件，应当承担侵权义务带来的责任。[②]

① 参见最高人民法院民事判决书，(2019)最高法知民终 663 号。

② 参见《国内涉开源协议典型案例分析》，载微信公众号“工信部电子知识产权中心”2022 年 4 月 14 日，https://mp.weixin.qq.com/s/L1zWNWBaCT4i4tcwtBnteA。

2. 法律分析

开源协议在保障被许可人自由地分享、使用、修改并分享其修改的版本时，对其分享、使用自身修改版本或衍生软件往往也会作出约束，以避免修改后和衍生的软件在之后的发布程序中封闭源代码进行发布和销售。以 GPL 协议为例，其第 5 条关于发布修订过的源码版本规定，被许可人可以源代码形式发布一个基于开源软件的软件或修改版本，但是须满足的条件中包括按照 GPL 协议将整个软件许可给想要获得许可的人；GPL 协议及符合第 7 条约定的附加条款适用于整个软件及其所有部分，无论该等程序以什么形式打包；一个受保护作品和其他分离的单体作品的联合作品，在既不是该受保护作品的自然扩展，也不以构筑更大的程序为目的，并且自身及其产生的版权并非用于限制单体作品给予联合作品用户的访问及其他合法权利时，称为“聚合版”。① 聚合作品中包含受保护作品并不会使 GPL 协议影响聚合作品的其他部分。

上述内容即 GPL 协议的传染性及例外情形的规定，该规定保证了开源软件修改版本和衍生版本的持续开源，并将部分与开源软件结合为一体的软件代码纳入到开源软件范围内，扩张了开源协议的适用范围，在增加开源软件的数量的同时为开源软件与专有软件的共存划定了界限。这一界限的划分看似清晰，但聚合体与修改版或衍生版的区别到底如何判断，仍是司法实践中的难点。

目前，我国出现的以权利软件使用了开源协议或包含开源代码而无权禁止被诉侵权人复制、发行、修改为由进行抗辩的案件中，几乎均涉及权利软件是否被 GPL 等协议感染的问题。对此，FSF 在 GUN 许可协议常见问题“聚合版”和其他“修改版”有什么不同中回应：“聚合版”包含有多个独立的程序。如何区分是两个独立的程序还是一个程序的两个部分，是一个法律命题，最终会由法官来决定，但 FSF 认为合理的标准既依赖于通信的机制（exec、pipes、rpc、共享地址空

---

① 参见《关于 GNU GPL 第 2 版的常见问题》，载 GUN 官网 2021 年 12 月 29 日，https://www.gnu.org/licenses/old-licenses/gpl-2.0-faq.html。

间的函数调用等),也依赖于通信的语义(交换了什么样的信息)。[①]

关于"何时一个程序和其插件会被认为是一个结合在一起的单一程序"这一问题,FSF也有类似的回应:如果主程序与插件之间通过共享或交换复杂数据结构而建立了密切的通信,他们就是一个结合在一起的程序;如果并没有建立起密切的通信,插件就是一个单独的程序。由此可见,GPL协议所能传染的衍生软件或修订版本,应当是与原开源软件形成密切通信使得二者高度牵连融合成一体的程序,而非只要有数据交换就会构成传染。结合本案,前端代码开发主要是指前端用户可见的操作界面如页面布局、交互效果等页面设计的一种实现方式,后端代码开发则主要是指后端用户不可见的服务端相关逻辑功能等模块的实现,二者展示方式不同、所用技术不同,分工亦有明显区别,显然属于两个独立的程序。前端代码中存在的部分开源代码可能传染部分前端代码,但在权利人整体放弃前端代码仅主张后端代码的情况下,其权利代码并未被纳入GPL协议的适用范围内,并不受GPL协议的约束,也未被许可给公众进行复制、发行、修改。

三、济宁市罗盒网络科技有限公司与福建风灵创景科技有限公司、北京风灵创景科技有限公司、深圳市腾讯计算机系统有限公司侵害计算机软件著作权纠纷案

2021年4月30日,广东省深圳市中级人民法院对济宁市罗盒网络科技有限公司与福建风灵创景科技有限公司、北京风灵创景科技有限公司、深圳市腾讯计算机系统有限公司侵害计算机软件著作权纠纷案(以下简称罗盒公司与风灵公司软件著作权纠纷案)作出裁决,声明GPL-3.0协议是一种民事法律行为,具有合同性质,可认定为授权人与用户间订立的著作权协议,属于我国《合同法》调整的范围。法院判定侵权被告公司赔偿原告公司经济损失及维权合理费用共

---

① 参见《关于GNU GPL第2版的常见问题》,载GUN官网2021年12月29日,https://www.gnu.org/licenses/old-licenses/gpl-2.0-faq.html。

计50万元,并停止侵权行为。

1.案情简介

原告罗盒公司独立开发VirtualApp V1.0。VirtualApp从2016年7月8日的版本开始引入开源协议,起初为LGPL-3.0协议,2016年8月12日更换为GPL-3.0协议。2017年10月29日,罗盒公司在VirtualApp后续开源版本中删除"适用GPL-3.0协议"的表述。

2017年11月8日,罗盒公司为VirtualApp V1.0取得计算机软件著作权登记证书,依法享有VirtualApp V1.0软件著作权的全部权利。2017年12月30日,由VirtualApp项目人罗迪提交的更新Git码的CHINESE.md文件内载明:"VirtualApp于2017年8月份正式公司化运作,当您需要将VirtualApp用于商业用途时,请务必联系……购买商业授权……VirtualApp源代码将于2017年12月31日停止更新。"

2018年9月,原告发现名为"点心桌面"的软件使用了VirtualApp V1.0的代码,将两个软件源代码进行分析比对后,发现两者间421个可比代码中有308个代码具有实质相似性,有27个代码具有高度相似性,有78个代码具有一般相似性,被诉侵权软件与涉案软件构成实质相似。据此,原告起诉福建风灵公司(被诉侵权软件"点心桌面"的著作权人)、北京风灵公司("点心桌面"的开发者及"点心桌面"软件的著作权人)和腾讯公司(经营被诉侵权软件下载、安装和运营服务的"点心桌面官网"和"应用宝"网站)侵害其计算机软件著作权。①

经审理,广东省深圳市中级人民法院认为,本案涉及以下几个焦点问题:

(1)焦点一:GPL-3.0协议的法律效力

开源软件的权利人遵循某种开源许可证协议,将其源代码向公众公开,并允许用户在许可证约定的条件内自由使用、修改和分发,将其享有的著作

① 参见《国内涉开源协议典型案例分析》,载微信公众号"工信部电子知识产权中心"2022年4月14日,https://mp.weixin.qq.com/s/L1zWNWBaCT4i4tcwtBnteA。

财产权和部分人格权授予用户。开源软件的目的是创设一种自由开发、使用或传播的环境。

现今,开源许可证已经成为国际行业内共同认可和遵守的契约文本,履行相关义务也是诚信原则的体现。只有信守开源软件所附的许可证条款,才能保证将开源软件不断散播出去,让社会公众能够享受开源软件带来的便利与发展成果,不至于被私人占有导致公共利益受到损害。开源软件依赖于现有著作权及相关法律体系的保护,授权人只在享有著作权的情况下,其通过许可证将权利有条件进行许可或让渡才有法理依据。

关于 GPL-3.0 协议的法律性质:其一,协议的内容具备合同特征。GPL-3.0 协议属于发生私法上效果的意思表示,而意思表示是民事法律行为的核心要素,因此 GPL-3.0 协议是一种民事法律行为。该协议授予用户复制、修改、再发布等权利,实际上在授权人和用户间形成了权利变动,属于设立、变更、终止民事权利义务关系的民事法律行为。授权人许可的权利符合我国《著作权法》的相关规定,其采用开源许可证发布源代码,将自己的大部分著作权授予不特定用户,完全出于自愿。用户在许可证下复制、修改或再发布源代码,通过行为对许可证作出承诺,也是出于自愿。用户在对源代码进行复制、修改或发布时许可证成立,同时许可证发生法律效力。其二,协议的形式亦具备合同特征。GPL-3.0 协议以电子文本方式表现其内容,而电子文本是一种有形的表现形式,属于以书面形式订立的合同。综上所述,法院认为 GPL-3.0 协议具有合同性质,可认定为授权人与用户之间订立的著作权协议,属于我国《合同法》调整的范围。

关于违反 GPL-3.0 协议的侵权责任:著作权法为了保护权利人的专有权,仅规定非权利人可以在如"合理使用"等范围内使用作品,诸如复制、修改、发行等权利则专属于权利人,任何人非经许可实施这些行为将构成侵权。根据 GPL-3.0 协议第 8 条"终止授权"的约定,授权人许可用户在遵守许可证规定的前提下行使某些权利,但用户必须承担相应的义务。若用户违反 GPL-3.0 协议的使用条件来复制、修改或传播受保护的作品,其通过 GPL－3.0 协议获得的授权将会自动终止。对此，我国《民法总则》第 158 条规定："民事法律行为可以附条件……附解除条件的民事法律行为，自条件成就时失效。"

根据开源软件的特性，GPL－3.0 协议规定的使用条件（如开放源代码、标注著作权信息和修改信息等）系授权人许可用户自由使用的前提条件，亦即协议所附的解除条件。一旦用户违反了使用的前提条件，将导致 GPL－3.0 协议在授权人与用户之间自动解除，用户基于协议获得的许可即时终止。用户实施的复制、修改、发布等行为，因失去权利来源而构成侵权。①

（2）焦点二：原告是否有权提起本案诉讼

法院主要从三个方面论述：其一，原告是否系 GitHub 网站上开源软件 VirtualApp 的著作权人；其二，原告提起本案诉讼是否需要 GitHub 网站上显示的 VirtualApp 贡献者授权；其三，原告的诉讼行为是否符合 GPL－3.0 协议关于争议解决方式的约定。

针对原告是否系 GitHub 网站上开源软件 VirtualApp 著作权人的问题。《计算机软件保护条例》第 9 条规定，软件著作权属于软件开发者。如无相反证明，在软件上署名的自然人、法人或者其他组织为开发者。经查，GitHub 网站上显示 VirtualApp 由罗盒公司开发运营并于 2017 年 8 月正式公司化运作，项目发起人罗迪在 GitHub 网站上传了 VirtualApp 的初始源代码。涉案软件登记证书载明罗盒公司系"罗盒"（VirtualApp V1.0）的著作权人，与前述 GitHub 网站上载明的内容可相互印证。原告方将 VirtualApp 初始版本的源代码上传至 GitHub 网站，VirtualApp 后续开源版本系在此基础上迭代演进而来。综上所述，现有证据可以证明原告系 GitHub 网站上开源软件 VirtualApp 的著作权人。

---

① 参见广东省深圳市中级人民法院民事判决书，(2019) 粤 03 民初 3928 号。

针对原告提起本案诉讼是否需要 GitHub 网站上显示的 VirtualApp 贡献者授权的问题。根据 GitHub 网站的规则，自项目人将其独立撰写的软件源代码发布在项目中后，GitHub 网站的注册用户或者游客皆可以获得该软件的源代码，而网站的注册用户有机会根据自己的意愿将修改内容上传“提交”，并向项目人发出“拉请求”，此时“提交”的有关源代码只存在于用户的“分支”中，并不能直接对项目人发布源代码的“主分支”产生修改，若这样的“提交”被项目人认可则项目人可以进行“合并”操作，将“提交”的修改内容用于“主分支”中并形成新的项目源代码版本。“提交”被项目人执行“合并”操作的注册用户，成为该项目的贡献者。

对此，法院认为：其一，原告股东罗迪作为项目人已将 VirtualApp 初始版本的源代码共计 31,097 行在 GitHub 网站上公开发布，此系原告主张权利的基础。其二，GitHub 网站的用户对涉案源代码作出修改、补充后，若要将相关内容并入项目人的“主分支”中，则需符合项目人的开发意图并由其作出取舍。本案项目人对“主分支”中 VirtualApp 源代码的形成起到了决定作用，贡献者的内容未对原告享有涉案软件著作权产生实质性影响。其三，贡献者选择在 GPL－3.0 协议的 VirtualApp 项目中上传自己的源代码，贡献者亦将按照 GPL－3.0 协议许可其贡献，即视为同意将贡献内容许可给项目人及其他用户使用。其四，开源项目的贡献者往往人数众多、互不相识又身居世界各地，且随着项目内容的不断修订完善，贡献者的数量亦处于持续增加、变动之中。若开源项目的起诉维权需经全体贡献者一致同意或授权，实则导致维权行为无从提起。综上，原告提起本案诉讼无须贡献者的同意或授权。

针对原告的诉讼行为是否符合 GPL－3.0 协议关于争议解决方式的约定问题。被告认为，根据 GPL－3.0 协议第 10 条的规定，不允许开源代码的授权人发起诉讼。回归该条的相关内容，其表述为：“你不可以对本协议所授或确认的权利的行使施以进一步的限制。例如，你不可以索要授权费或版税，或就行使本协议所授权利征收其他费用；你也不能发起诉讼（包括交互诉讼和反诉),宣称制作、使用、销售、批发、引进本程序或其部分的行为侵害了任何专利权。”由此可见,该条款仅限制授权人不得向用户主张任何专利权,而并未限制授权人对违反许可协议的用户主张著作权。因此,原告的诉讼行为并未违反 GPL-3.0 协议关于争议解决方式的约定。

(3)焦点三:被诉行为是否侵害原告的著作权

主要涉及三个方面:其一,原告将 VirtualApp 分为开源版本与商业版本以及在后续开源版本中删除“适用 GPL-3.0 协议”的影响;其二,GPL-3.0 协议是否允许用户商用;其三,被诉“点心桌面”App(V6.5.8)应否开源。

鉴于原告在本案中系以 VirtualApp 开源版本而非商业版本作为其权利基础,本案不必对 VirtualApp 开源版本与商业版本的关联及影响作出认定。针对原告在 VirtualApp 后续开源版本中删除“适用 GPL-3.0 协议”的影响。经查,VirtualApp 从 2016 年 7 月 8 日的版本开始引入开源协议,起初为 LGPL-3.0 协议,2016 年 8 月 12 日更换为 GPL-3.0 协议。2017 年 10 月 29 日,原告在 VirtualApp 后续开源版本中删除“适用 GPL-3.0 协议”的表述。根据 GPL-3.0 协议第 4 条、第 5 条的规定,只要后续版本中有使用先前开源版本中的源代码,并且先前版本使用了 GPL-3.0 协议,则后续版本也必然受 GPL-3.0 协议的约束。因此,VirtualApp 后续开源版本仍然受 GPL-3.0 协议的约束。授权人与用户在行使权利、履行义务时均应遵循诚信原则,恪守协议的约定。

针对 GPL-3.0 协议是否允许用户商用的问题。GPL-3.0 协议的序言部分载明:“所谓自由软件,我们强调的是自由,而非价格免费。”综观整个 GPL-3.0 协议的内容,协议强调的是许可用户享有运行与获得源代码的自由、复制源代码的自由、发布源代码的自由、修改源代码并将修改版本向公众传播的自由。GPL-3.0 协议并未限制用户进行商用,只是必须遵守开源的规定。原告虽在 GitHub 网站上声明禁止用户对 VirtualApp 开源代码进行商用,但根据 GPL-3.0 协议第 7 条、第 10 条的规定,附加条款适用的情形和内容是明确的,限制商用不在其列;授权人亦不可以对 GPL-3.0 协议所授或确认权利的行使施以进一步的限制。故在 GPL－3.0 协议允许用户进行商用的情况下,授权人不得对此作出限制。原告主张“点心桌面”App 进行商用违反 GPL－3.0 协议及其附加条款缺乏理据,法院不予支持。

针对被诉“点心桌面”App(V6.5.8)应否开源的问题。经查,被诉“点心桌面”App(V6.5.8)中使用了原告采用 GPL－3.0 协议发布的 VirtualApp,被告对此亦予以确认。根据 GPL－3.0 协议第 5 条第 1 款 c 项、第 7 条和第 10 条规定的相关内容及“传染性”特征,对于在逻辑上与开源代码有关联性且整体发布的派生作品,只要其中有一部分是采用 GPL－3.0 协议发布的,那么整个派生作品都必须受到 GPL－3.0 协议的约束。一项遵循 GPL－3.0 协议的源代码不能同非自由的源代码合并。因此,被诉“点心桌面”App(V6.5.8)应当遵循 GPL－3.0 协议,向公众无偿开放源代码。被告福建风灵公司辩称未实质性修改所使用的开源代码,故无须公开“点心桌面”App(V6.5.8)的源代码缺乏理据,法院不予支持。

综上,被告风灵公司使用了附带 GPL－3.0 协议的开源代码,却拒不履行 GPL－3.0 协议规定的使用条件。根据 GPL－3.0 协议第 8 条自动终止授权的约定及《民法总则》第 158 条的规定,被告福建风灵公司通过该协议获得的授权已因解除条件的成就而自动终止。被告福建风灵公司对 VirtualApp 实施的复制、修改、发布等行为,因失去权利来源而构成侵权。至于被告称 VirtualApp 中有使用他人开源代码的问题。在软件开发过程中,借鉴、使用他人开源代码只要未违反所附许可协议的约定即属于正常的使用行为。从被告的举证看,VirtualApp 中保留了相关开源代码的权利人信息,在 VirtualApp 已对外开源的情况下,被告主张 VirtualApp 使用他人开源代码后再行维权有违开源规则缺乏理据,法院不予支持。

(4)焦点四:若侵权成立,被告应承担的法律责任

被告福建风灵公司作为“点心桌面”App(V6.5.8)的开发、运营和发布者,依法应承担停止侵害 VirtualApp 著作权的行为,即对使用了 VirtualApp 的“点心桌面”软件立即停止提供下载、安装和运营服务。

关于被告北京风灵公司的法律责任问题。经查，其一，提供“点心桌面”App(V6.5.8)下载的豌豆荚网站显示开发者还指向被告北京风灵公司。其二，中国版权保护中心官方平台显示，“点心桌面Android终端软件V4.0”分别登记在被告北京风灵公司与福建风灵公司名下。其三，在百度上搜索被告福建风灵公司与被告北京风灵公司的官方网站，其结果均指向www.felink.com.cn。该网站在“关于我们”的宣传中将两被告的经营行为混同。根据前述事实，另外鉴于福建风灵公司系被告北京风灵公司的全资子公司的情形，原告指控两被告共同承担侵权责任合法有据，法院予以支持。

被告腾讯公司对其“应用宝官网”上可能存在的侵权行为制定了相关规则、设置了投诉渠道，且对被诉软件作了及时下架处理。原告亦未对被告腾讯公司提出具体诉请。因此，被告腾讯公司无须承担法律责任。[①]

除上述争议焦点问题外，诉讼各方最关心的是赔偿问题。原告主张以被告福建风灵公司、北京风灵公司的侵权获利来计算。鉴于开源许可协议缔约方式和缔约主体的特殊性，导致违约或侵权行为更具隐蔽性，相应法律责任的承担应有助于敦促缔约方诚信履行开源义务，确保开源社区规范、持久地发展。开源软件大多是免费的，但授权人付出的开发成本是必然存在的，所以按照侵权获利来承担赔偿责任更为公平合理。

对于赔偿数额的确定，法院综合考虑下列因素：其一，涉案VirtualApp在侵权软件中所起的作用。在VirtualApp开源代码的帮助下，用户通过侵权软件“点心桌面”App(V6.5.8)获取的第三方手机应用可以实现免安装直接运行。虽难以评判具体的技术贡献度，但无疑有助于侵权软件用户获得更好的体验和增强其下载的意愿。其二，侵权软件在各平台的下载次数多达数千万，被告可通过侵权软件引导用户下载其他开发者提供的App，接受App提供商的利润分成；另通过增值服务收费、广告收入等多种营利模

① 参见广东省深圳市中级人民法院民事判决书，(2019)粤03民初3928号。

式实现流量的变现。其三，被告福建风灵公司、北京风灵公司在 2017 年度、2018 年度的相关财务数据。其四，原告履行 GPL－3.0 协议的情况及 VirtualApp 商业版本对外授权许可的情况。其五，被告的侵权行为性质、侵权时间及拒不履行开源协议的情况。其六，维权合理费用。原告提交了鉴定费、公证费的票据，法院予以支持。关于律师费，虽未提交相关证据，但确有委托律师出庭且本案涉及的争议较复杂，对其产生的费用将酌情考虑。综上所述，法院酌情确定赔偿数额为 50 万元。原告为制止本案侵权行为所支出的合理费用，计算在赔偿损失数额范围之内。[①]

2. 法律分析

本案审理法院全面、详细地阐述了对 GPL－3.0 协议性质及其若干条款的理解，判决认可了 GPL－3.0 协议的合同性质，并认定违反开源许可协议的行为构成侵权行为，深入剖析了诸如开源软件的著作权归属与行使、开源软件侵权行为的认定、开源软件侵权行为的法律后果等在开源软件法律纠纷中可能涉及的若干核心法律问题，对把握开源软件法律纠纷案件的审理思路甚至理解开源软件合规治理的关键点都有重要的指导意义。

司法实践明确违反开源软件许可证的侵权法律责任具有重要的现实意义：一方面，可以及时制止侵权行为，防止他人对开源软件的不正当利用；另一方面，能够有效保护授权人的利益，使他们保有继续创作的动力，促进源代码共享和知识的传播。

同时，本案判决也对软件相关行业的从业人员具有极大的教育作用，开源软件并非免费软件，并非不受限制地自由使用，相关行业在使用开源代码时，需要谨慎选择开源软件和明确开源协议的版本、内容及相关条件，避免潜在的法律纠纷。

① 参见广东省深圳市中级人民法院民事判决书，(2019) 粤 03 民初 3928 号。

四、济宁市罗盒网络科技有限公司与广州市玩友网络科技有限公司、深圳冠准航科技有限公司、深圳奥斯坦科技有限公司、祥运实业(深圳)有限公司侵害计算机软件著作权纠纷案

1. 案情简介

2019 年 3 月,原告罗盒公司在广州知识产权法院起诉四位被告,并提供司法鉴定报告,主张被告玩友公司提供下载的四款软件与原告拥有著作权的 VritualApp 软件(2017 年 12 月 30 日版)构成实质性相似,被告玩友公司的行为已经构成软件著作权侵权,请求法院判令被告立即停止被控侵权软件的下载、安装和运营服务,赔偿原告经济损失 1500 万元,赔偿原告维权合理费用 15 万元并承担本案诉讼费;其他三位被告应承担连带责任。

罗盒公司成立于 2017 年 8 月 8 日,其股东之一罗迪在 2015 年开发了 VirtualApp V1.0,并于 2016 年 7 月 7 日在 GitHub 网站上传了 VirtualApp 共计 31,097 行的初始源代码,次日附加了 LGPL-3.0 协议。2016 年 8 月 12 日,罗迪将 LGPL-3.0 协议变更为 GPL-3.0 协议,随后声明任何人如需将该软件用于商业用途,需要与作者授权的负责人联系购买。2017 年 10 月 29 日,罗迪删除了 GitHub 网站上的 VirtualApp 所附带的 GPL-3.0 协议。2017 年 11 月 8 日,罗盒公司就 VirtualApp V1.0 取得计算机软件著作权登记证书。2017 年 12 月 30 日,罗迪在 GitHub 上发表声明称,VirtualApp 对外开放的源代码将于 2017 年 12 月 31 日停止更新,VirtualApp 商业版代码将持续更新。

被告玩友公司成立于 2016 年 9 月 7 日,对“微信视频美颜版”“微信视频美颜相机版 App”“微信视频美颜相机”“微信视频美颜相机版”四款软件取得了著作权登记证书。玩友公司通过“华为应用市场”“应用宝”等平台提供下载,用户可以有 30 分钟免费使用时间,之后需支付会员费才可继续使用。本案其他三位被告为玩友公司的合作伙伴,代玩友公司收取会员费,

提取相应服务费后结算给玩友公司。

本案的争议焦点主要包括以下几个方面：

(1)罗盒公司是否有权提起本案诉讼

罗盒公司是否有权提起本案诉讼，主要涉及两个方面的问题：一是罗盒公司是否为涉案 VirtualApp 软件的著作权人；二是罗盒公司提起本案诉讼是否需要 GitHub 上 VirtualApp 软件其他贡献者的授权。

关于第一个问题，首先，罗盒公司已取得其作为著作权人的 VirtualApp V1.0 权利软件的著作权登记证书。其次，GitHub 官网上 VirtualApp 项目简介记载该项目是由罗盒科技于 2017 年 8 月正式公司化运作开发运营，项目管理者罗迪上传 VirtualApp 初始源代码并发起该开源项目。以上事实相互印证，罗盒公司将涉案软件上传到 GitHub 官网并持续迭代更新。因此法院可以认定，罗盒公司是 GitHub 官网上 VirtualApp 开源软件的著作权人。玩友公司抗辩认为，涉案软件有 32 位贡献者，是不可分割的合作作品，与被诉侵权软件相似部分也有多个文件有其他贡献者提交了代码，故罗迪无权单方将其权利转让给罗盒公司。根据查明事实，GitHub 官网的项目管理者可以在该网站上传其独立编写的软件项目初始源代码，并选择适用某一种开源许可授权协议，则其他用户均可自由浏览并获取该项目源代码，即非排他性、全球性许可。项目管理者创建主分支 master，其他用户可以基于主分支创建其自己的分支并自行修改维护。其他用户可以基于其创建的分支提起“创建拉取请求”，即申请将其分支中的修改合并入主分支中，项目管理者决定是否同意其他用户的“创建拉取请求”，若同意则将该分支合并入主分支 master 中，该用户成为主分支的贡献者。

对此法院认为，首先，罗盒公司的股东罗迪作为项目管理人于 2016 年 7 月 7 日将 VirtualApp 初始版本源代码上传至 GitHub 官网开源发布，这是罗盒公司主张权利的基础，也是整个涉案软件的核心基础。贡献者提交的代码在此基础上不断升级优化，贡献者提交的代码能否并入涉案软件主分支由项目管理人决定，项目管理人提交的代码量占整个涉案软件代码量的绝大部分，因此其他贡献者提交的代码并未对涉案软件著作权产生实质影响。其次，判断是否为合作作品应考虑以下因素：作者为两个或两个以上、主观上有共同进行作品创作的合意、客观上有共同创作作品的行为、合作作者贡献了独创性的表达。涉案软件源代码的提交者包括项目管理者和贡献者，而贡献者提交代码的流程是先由贡献者发起拉取申请，经项目管理者同意后才会并入主分支中，显然双方存在共同创作的合意，这也符合软件源代码开源的本意，即通过互联网媒介集合全球开发者的智慧，尽可能使软件最佳化，从而促进知识的传播。实际上，涉案软件的提交者亦包括管理者和众多贡献者。但是，玩友公司并未举证证明贡献者提交的代码是否属于有独创性表达的创作，仅根据贡献者提交的代码行数无法判断其是否有独创性。因此，就在案证据无法认定涉案软件属合作作品。再次，涉案 VirtualApp 适用了 LGPL－3.0 协议或 GPL－3.0 协议，那么其他贡献者在申请将其代码合并入主分支时默认同意适用 LGPL－3.0 协议或 GPL－3.0 协议，即同意将其代码开源贡献给项目管理者和其他用户在授权许可协议范围内自由使用。最后，《著作权法实施条例》第 9 条①和《计算机软件保护条例》第 10 条②规定，合作开发的软件不能分割使用的，其著作权由各合作开发者共同享有，任何一方不得阻止他方行使除转让权以外的其他权利。

开源软件项目的贡献者往往人数众多、互不相识且散布于全球各地，只要项目保持开源则贡献者数量会持续增加。即使涉案软件属合作作品，就在案证据难以查清所有权利人的基本情况下，若开源项目要求必须经过所

① 《著作权法实施条例》第 9 条规定："合作作品不可以分割使用的，其著作权由各合作作者共同享有，通过协商一致行使；不能协商一致，又无正当理由的，任何一方不得阻止他方行使除转让以外的其他权利，但是所得收益应当合理分配给所有合作作者。"

② 《计算机软件保护条例》第 10 条规定："由两个以上的自然人、法人或者其他组织合作开发的软件，其著作权的归属由合作开发者签订书面合同约定。无书面合同或者合同未作明确约定，合作开发的软件可以分割使用的，开发者对各自开发的部分可以单独享有著作权；但是，行使著作权时，不得扩展到合作开发的软件整体的著作权。合作开发的软件不能分割使用的，其著作权由各合作开发者共同享有，通过协商一致行使；不能协商一致，又无正当理由的，任何一方不得阻止他方行使除转让权以外的其他权利，但是所得收益应当合理分配给所有合作开发者。"

有贡献者的授权才能提起诉讼,那么将导致开源软件维权无从提起。因此,法院认定,罗盒公司作为提交了绝大部分代码量的项目管理者提起本案诉讼无须经过其他贡献者的授权,其有权单独提起本案诉讼。

(2)被诉侵权行为是否侵害罗盒公司的复制权、发行权和信息网络传播权

被诉侵权行为是否侵害罗盒公司的复制权、发行权和信息网络传播权主要涉及三个方面的问题:一是 GPL-3.0 协议的法律性质和效力;二是罗盒公司是否有权在 GPL-3.0 协议中加入商业使用限制保留;三是玩友公司收取被诉软件会员费和未提供被诉软件源代码下载的行为是否违反 GPL-3.0 协议的规定。

第一个问题是关于 GPL-3.0 协议的法律性质和效力。域外对 GPL 开源授权许可协议性质的认定观点不统一。不同时期、不同级别的美国法院对开源软件性质认定不同,进而适用的救济措施有别。德国法院对违反开源软件许可协议的行为在定性和救济上显得较为连贯和一致,德国法兰克福地区法院第六民事审判庭在其审理的影响较大的 Welte 诉 D-Link 一案中倾向于通过著作权侵权救济应对违反开源软件 GPL 许可协议的行为。

我国对于 GPL-3.0 协议法律性质和效力的认定看法众多,包括以下几种:

其一,协议的内容具备合同特征,属于广义的合同范畴。根据我国《合同法》的相关规定,从理论角度对开源许可协议的成立途径进行梳理,主要为要约说。要约说认为,开源软件许可协议应当是软件权利人和用户之间订立的合同,经历了正常的合同订立流程,在双方之间成立合同关系。将开源软件的发布视为发出要约,用户使用视为承诺,在用户使用开源软件时合同成立。从这一角度看,开源软件许可协议应当属于广义合同的范畴。

其二,协议是非典型合同。与我国《著作权法》有关“著作权许可使用和转让合同”的规定相比,GPL-3.0 协议是开源软件的作者向不特定的使用者让渡其著作权的部分人身权利和全部财产权利,权利授予的对象是不

确定的，以换取使用者承诺遵守开源许可协议的许可条件和义务，如将修改后的源代码公开给社会公众共享等。

其三，协议是格式合同。GPL－3.0协议是为特定开源项目开发而预先拟定，由著作权持有人向软件程序使用者提出的合同条款。

其四，对协议的承诺通过行为作出。例如，GPL－3.0协议第10条规定，每当你发布一个受保护作品，其接收者自动获得来自初始授权人的授权，依照本协议可以运行、修改和传播此程序。该要约内容表明以实践行为作出承诺，无须再签订书面的合同。

其五，协议是通过电子文本形式由授权方或用户加入开源项目中，电子文本是一种有形的表现形式，属于以书面形式订立的合同。

第二个问题是罗盒公司是否有权在GPL－3.0协议中加入商业使用限制保留条款。法院认为，根据GPL－3.0协议条款约定和性质，只要某个软件版本加入GPL－3.0协议，则无法随意删除GPL－3.0协议，该版本源代码将永久保持开源，即使授权方删除GPL－3.0协议也无回溯力，授权方只能在后续的版本中变更或删除GPL－3.0协议，但并不影响此前版本继续适用GPL－3.0协议的效力。在本案中，罗盒公司确认其主张的涉案软件2017年12月30日版本与撤回GPL－3.0协议即2019年10月29日前的版本差别不大，因此法院认定罗盒公司主张权利的版本仍属于适用GPL－3.0协议的开源软件。

罗盒公司无权加入商业使用限制保留条款。因为OSI对开源软件的10个定义中包含了“不能歧视任何领域”，如不得规定软件不能用于商业目的。在本案中，罗盒公司的商业使用限制保留条款对于用户使用其源代码的目的进行了限制，从而也限制了用户范围，即只有非出于商业用途的用户才可以使用其源代码，这显然与GPL－3.0协议的“著佐权”特性矛盾。因此罗盒公司无权在适用GPL－3.0协议的涉案VirtualApp项目中添加商业使用限制保留条款。

第三个问题是玩友公司收取被诉软件会员费和未提供被诉软件源代码

下载的行为是否违反 GPL-3.0 协议的规定。根据罗盒公司提交的鉴定意见书,被诉侵权软件“微信视频美颜版”与涉案 VirtualApp 软件共有 424 个可比代码,其中绝大部分文件具有相似性,据此可以认定涉案软件和被诉侵权软件中涉被诉部分源代码即沙盒分身功能部分源代码构成相似。因此法院认定,被诉侵权软件仍应适用 GPL-3.0 协议。

本案中,被诉侵权软件收取会员费是用于运营维护和技术支持,而下载软件是不需要支付费用的。因此,玩友公司收取被诉侵权软件的会员费并不违反 GPL-3.0 协议的规定。

关于玩友公司是否应该公开整个被诉侵权软件源代码的问题。对于在逻辑上与开源代码有关联性且整体发布的衍生作品,只要其中有一部分适用了 GPL-3.0 协议发布,那么整个衍生作品都必须适用 GPL-3.0 协议而公开。在本案中,沙盒分身部分功能代码是作为被诉侵权软件的衍生部分而整体发布的,玩友公司并未举证证明沙盒分身功能部分源代码是独立的,因此被诉侵权软件应整体适用 GPL-3.0 协议,玩友公司应开源整个被诉侵权软件的源代码。

综上,玩友公司虽主张被诉侵权软件中只有沙盒分身使用了被诉部分源代码,但被诉侵权软件仍应遵循 GPL-3.0 协议向用户开放源代码下载,玩友公司未向用户提供被诉侵权软件源代码下载违反了 GPL-3.0 协议的规定。

(3)被告玩友公司、冠准航公司、奥斯坦公司、祥运公司应如何承担民事责任

根据《著作权法》第 48 条第 1 项(2020 年第三次修正第 52 条第 1 项)的规定,未经著作权人许可复制、发行其作品的,应当根据情况,承担停止侵害、消除影响、赔礼道歉、赔偿损失等民事责任。玩友公司侵害了罗盒公司对涉案 VirtualApp 软件的发行权和信息网络传播权,因此法院认定,玩友公司应立即停止通过互联网提供含有侵权沙盒分身功能源代码的“微信视频美颜版”“微信视频美颜相机版 App”“微信视频美颜相机”“微信视频美颜

相机版”四款软件的下载、安装和运营服务。

对于冠准航公司、奥斯坦公司、祥运公司三被告,法院认为,该三被告仅代玩友公司收取用户的会员费,其已对上述含有侵权沙盒分身功能源代码的四款软件具有著作权登记证书作了初步审查,再施加过高的审查注意义务不符合常理,仅凭代收会员充值款项的事实尚不足以认定该三公司与玩友公司构成共同侵权。

本案中,罗盒公司主张以玩友公司的侵权获利计算赔偿数额,法院综合考虑以下侵权情节:一是涉案 VirtualApp 软件的源代码在上述四款软件中主要是实现沙盒分身功能,该功能是上述四款软件的基础功能,虽非应用层面的核心功能,但缺乏该功能则上述四款软件将无法发挥作用。二是上述四款软件在各个平台的下载次数累计上百万次,玩友公司虽抗辩存在刷量,但其提供的数据显示在华为应用市场的下载次数也有近 20 万次,玩友公司可以通过引流来实现流量的变现。三是罗盒公司涉案 VirtualApp 商业版本对外授权许可收费的情况。四是玩友公司收取上述四款软件会员费的数额,玩友公司因未提交源代码下载违反 GPL－3.0 协议才构成侵权,该数额仅是判赔考虑因素之一,因此法院对罗盒公司调查会员费流水的申请不予支持。五是玩友公司的侵权行为性质、侵权时间及拒不履行开源授权许可协议的情况。六是原告的维权合理费用。最终,法院综合全案的证据情况,确定被告赔偿原告 50 万元。

2. 法律分析

本案全面、详细地阐述了法院对 GPL－3.0 协议性质和若干条款的理解,深入剖析了开源软件的著作权归属、如何认定开源软件侵权行为和法律后果等核心法律问题,对市场和司法体系理解和把握开源软件法律的适用和纠纷解决提供了指导和广阔的思路。

本案最具有开创性的一点是,法院从开源软件的发展史以及欧美法院的相关判决对开源软件许可协议的法律性质和效力进行了探讨,并在我国法律框架下得出结论,即软件著作权人选择特定的开源软件许可协议后发布软件,就表示发出要约，用户使用软件即视为承诺。开源软件许可协议应当属于软件权利人和用户之间订立的格式合同。

另外，对于违反开源软件许可协议授权许可义务的问题的说明也具有十分重要的现实意义。本案中，法院认为，开源软件的权利人不但没有完全放弃著作权，还可通过开源软件许可协议寻求著作权保护，因此存在违约救济和侵权救济两种方式，两者竞合时，应当由当事人自行选择。但是，违约之债和侵权之债的救济形式和力度均有差别，违约当事人的损害赔偿责任范围小于侵权行为人的损害赔偿责任范围。因此多数情况下，当事人会选择主张侵权责任。

最高人民法院认为，本案对开源软件的诉讼主体资格、开源协议许可的撤销、限制商业使用条款等问题进行了积极探索，具有典型意义，因此将其评为"2021 年中国法院十大知识产权案件"之一。

上述案件都体现了我国司法实践中对开源协议的正视和分析，但个案侧重点各有不同。比较来说，罗盒公司与风灵公司软件著作权纠纷案作为国内首个明确 GPL 协议具有合同性质的司法案例，通过合同性质的约束力，明确了开源协议的法律效力；数字天堂公司诉柚子公司软件著作权纠纷案表明我国法院接受了 GPL 协议的约束力，并重点论证了 GPL 协议的"强传染性"问题；不乱买公司诉闪亮公司软件著作权纠纷案中引用了 GPL 协议中对开源传染性的例外条款，体现了我国法院对于涉开源协议相关案件审理理论和方法的进步。

结合实践案例，软件使用方在应用中，一方面，应建立开发记录日志，将开源软件的情况记录在案，以便根据开源许可证确认权利义务；另一方面，也要注意将使用开源软件开发的程序与未使用开源软件开发的程序进行隔离，避免商业软件受到开源许可证传染性的约束。

第二节　国外开源软件案例评析

国外的开源软件相关纠纷由来已久，按照纠纷产生的案由，大致可以分为以下八种类型。

一、许可证效力纠纷

1. Welte v. D-Link

在德国的 Welte 诉 D-Link 案中，奥地利人 Almusberg 和英国人 Woodhouse 分别是 msdosfs、initrd 软件程序和 mtd 软件程序的作者，这三个软件程序适用 GPL 开源软件许可证授权许可。根据上述软件的 GPL 许可协议，被许可人享有自由使用和运行该软件程序、自由研究其源代码并对该软件进行修改、自由分发该软件程序拷贝、自由发行软件程序和修改版本以及将其向公众发布的权利。

但是，自由使用、运行、分发等的前提是被许可人必须遵守 GPL 规定的如下义务：(1)如果被许可人要对拥有 GPL 的软件或基于 GPL 开源许可证的软件再发布，那么必须以 GPL 再发布；(2)被许可人再发布的时候必须保留完整的原著作权声明，并且附带一份 GPL 的拷贝；(3)如果被许可人对部分源文件进行了修改，则必须在被修改的文件中声明改动和日期。

原告 Welte 通过与 Almusberg 和 Woodhouse 签订协议取得了上述软件程序的复制、发布以及允许第三方对软件作出修改的排他性使用权。后原告发现，被告德国友讯公司在自己开发的"G-DSMG600"中使用了上述 Linux 操作系统内核 msdosfs、initrd、mtd 软件程序。但是被告在对外出售该数据存储器时，却并未满足 GPL 的许可条件：既没有附上 GPL 的正文和发布原作者著作权标示，也没有发布无担保声明和附上完整的源代码。

审理该案的德国法兰克福地区法院认为，GPL 条款的法律性质是预先拟定并由著作权持有人向软件程序使用人提出的合同条款，可以认定开源软件许可证具有法律效力。GPL 关于软件程序使用人必须附上许可证的正文、发布原作者著作权标示和无担保声明以及附上完整的源代码的这些规则，并未对使用人利益构成不适当的损害。如果被许可人违反上述授权许可条件，那么根据 GPL 的规定，则不得对本程序加以复制、修改、再授权或者散布。任何试图以其他方式进行复制、修改、再授权或者散布本程序的行为均属无效,并且将自动终止基于本授权所享有的权利。所以,被告需要为自身未经授权发布或复制该软件的侵害许可人著作权的行为承担侵权责任,包括禁令救济和损害赔偿救济。

与此同时,在侵权救济方式方面,德国法院还支持了原告的信息提供请求权。根据《德国著作权法》第 101 条的规定,受害人可以请求侵害人不迟延地提供关于侵权复制件或其他产品的来源与销售途径的信息。因此,本案中原告请求被告披露从何处获得"G-DSMG600"数据存储器和已经获得的数量、已售出该数据存储器的数目和商业买家的身份等信息的请求均得到了法院的支持。

从该案的审理中可以看到,德国法院倾向于将 GPL 所设定的条件认定为附解除条件的合同。法院认为,GPL 所设定的使用条件应当认定为"解除条件",当被许可人违反该条件时,GPL 协议无效,被许可人的行为便构成侵权,此时开源软件权利人可以根据《德国著作权法》提起侵权诉讼。

2. Ovation v. Marco Poglie、Francesco Pesce

本案原告是总部设在意大利的 Ovation 有限责任公司,其开源的 Dynamic.oo 是用于构建 WordPress 网站的开源 Elementor 平台的一个插件,该公司基于 GPL－3.0 许可证分发了该软件。根据 GPL－3.0 协议,被授权人可以基于程序源码进行修改,但是如果想要分发修改后的软件,就必须带有醒目的修改声明以及相应的日期。

Ovation 称,其两名前雇员(Marco Poglie 和 Francesco Pesce)以及 Pesce 旗下位于意大利威尼斯的 Nerds Farm 公司重新分发了上述软件,但在重新分发该软件的过程中却并没有遵守 GPL 协议,既没有对原始作品的确认,也没有提供有关被告对软件所作更改的信息和提及该软件的版权所有者。

经过审判,一方面,法院命令被告在软件符合许可协议要求之前停止分发,并规定了延迟执行判决结果的后果;另一方面,法院命令被告支付原告的诉讼费用 5000 欧元。

本案是意大利国内关于开源软件许可协议法律可执行性的一个标志性案例,意味着意大利法院认可了 GPL 的法律价值。原告 Ovation 公司在法院裁决之后发布的新闻稿中表示："这一裁决结果代表了意大利朝着加强对通过各种形式的开源软件许可分发的知识作品保护方向迈出了重要一步。"①

二、著作权纠纷

1. Jacobsen v. Katzer

本案原告 Jacobsen 是 JMRI 的计算机软件开发小组的管理者。该小组研发出了一套名为 DecoderPro 的软件程序，方便铁路模型爱好者使用其计算机对模型火车中的解码器芯片进行操控。该程序以技术许可的方式发布于一个名为 SourceForge 的网站，使用者可以无偿下载。在该提供给大众自由下载的程序版本当中，包含了一段关于著作权的说明文字，并且在提供用户下载的字段当中明确标示了使用者同意是以技术许可的方式来下载或者散布等。

本案的被告 Katzer 也开发了一套用于对解码器芯片进行编程的竞品软件 Decorder Commander。在开发该软件的过程中，Katzer 的一名软件工程师被指控下载了原告方面的软件套件，并且将其中的定义档和其他部分程序纳入 Decorder Commander 中，而且其在这一过程中并没有遵守技术许可的要求，没有列明原始作者的姓名、JMRI 的著作权说明、JMRI 或 SourceForge 是其定义档的原始来源等内容，因此原告主张被告的行为构成对其著作权的侵犯。

2006 年 9 月，原告向美国加利福尼亚州北区联邦地区法院起诉，主张著作权侵权，并请求法院制颁临时禁令，被告对于许可协议的违反已经构成侵权，而且根据联邦第九巡回上诉法院的诉讼规则，凡是著作权侵权均可以推定其将对原告构成不可弥补的经济损害。不过，该联邦地区法院却认为，"开源代码"中的技术许可是有意创设了一个范围极为广阔的非专属许可，这一许可的范围毫无限制，也就不存在著作权侵权的问题，原告仅能够以违约提起诉讼，故此法院并未依原告的请求制颁临时禁令。原告随即向联邦巡回上诉法院提起上诉，联

① 《国内涉开源协议典型案例分析》，载微信公众号"工信部电子知识产权中心"2022 年 4 月 14 日，https://mp.weixin.qq.com/s/L1zWNWBaCT4i4tcwtBnteA。

邦巡回上诉法院驳回了地方法院的判决，并将案件发回重审。

联邦巡回上诉法院在对案涉技术许可协议内容进行检视后指出，从形式上看，其限制条款应当被界定为“条件”。例如，协议开宗明义，指出“本文件之意图系为陈明在如何之条件下得以复制软件套件”，此外许可协议也使用了传统对于“条件”规范的文字用语，表示允许被许可人对软件进行复制、修饰和散布，但以达成上述之条件为前提。根据加利福尼亚州合同法，“但以”通常即在表述某种条件的语境当中使用。上诉法院也特别指出，通过“开源代码”的许可机制，当著作权人已经将其部分作品交付公有领域无偿使用时，其依然可以实施或者执行其权利，能够对他人未来关于该作品的散布或者内容修饰行为加以控制。因此，联邦巡回上诉法院认为该案中的被许可人将其通过技术许可协议所获得和使用的软件程序进行修改或变更而并未依照协议要求明确揭示相关著作权和修改过程与内容的行为超出了“技术许可”所允许的范围，构成了侵权，因此其废弃了地区法院原来的判决，并将案件发回重审。最终，双方于 2010 年 2 月达成庭外和解。

本案争议焦点体现为：当著作权利人已将其部分作品交付公有领域作为无偿使用，是否仍能基于“开源代码”许可，实施或执行其权益，以控制他人未来对该作品的散布或内容修饰？技术许可之中所订定的条款属性是什么？是著作许可条件还是仅作为许可合同内涵的约定？

联邦巡回上诉法院巡回庭对“开源代码”和“技术许可”的含义，尤其是其中的经济对价关系或内涵进行了阐释。法院特别指出，虽然表面上此种许可模式并不涉及金钱交换或传统许可中权利金的支付，但这并不当然能推定其中没有其他经济或利益上的考虑。例如，软件开发商借由对其部分程序代码进行开源来扩大市场占有，或是希望借“开源代码”来打开其在全国乃至在国际上的知名度等。通过开源代码许可，一方面，开发商得以邀请全世界对其软件有兴趣的人共同参与改良，其他的参与者能得到复制、修饰和散布其程序的原始码；另一方面，开发商能持续享有一定的控制权，从而让下游用户既可取用其软件程序，也明确知悉其取用资源的原始出处。技术许可的概念也与此类似，即让下游的使用方或参与者明确知悉哪一部分程序代码是由开发商开发,哪一部分是由其他人增删改写,因此其许可条款明确要求程序代码的改写必须能够辨明和持续追踪。

根据原告网站上所提供的“技术许可”协议,软件的被许可方(使用人)同意,必须在每一档案变更之处明显贴示其在何时以及如何对档案作了改变,且使用人同意至少从事下列事项之一:(1)将其修改的内容在公有领域或免费可以获得信息处予以公开,或让著作权利人将其修改纳入许可的标准版本之中;(2)仅在用户企业或组织的内部使用修改后的档案;(3)对于非标准的自行开启的档案予以标示并与标准的自行开启的档案明确隔离,并提供相应的使用说明;(4)与著作权人协商安排其他软件分发的事宜。

对于本案的核心问题,法院表示,通常情况而言,如果著作权利人以非专有的方式授权他人使用其作品,那么就视为其放弃了起诉被授权人著作权侵权的权利。但如果授权的范围是有限的,而被授权人的行为超出了授权范围,此时权利人依旧可以以著作权侵权为由提起诉讼。因此,如果技术许可协议中的条款既为“条件”又是“约定”时,许可的范围即有所限制,应依著作权法处理;如果这些条款仅为“约定”性质,则相关的争议应依合同法(或类似法律规定)论处。

法院在审查了本案中的“技术许可”协议内容后指出,形式上其限制条款被界定为“条件”。例如,协议开宗明义表示,“本文件的意图为说明在何条件下可以复制该软件套件”。此外,许可协议还使用了传统上“条件”规范的文字用语,表示许可被许可人对于软件的复制、修饰和散布,但以达成上述之条件为前提。

法院特别指出,著作权的许可是为了支持著作人的排他权,而仅靠金钱损害赔偿并不足以完全支持或执行此一权利。既然权利人选择了要求被许可人完成特定的事项,而非支付金钱报酬作为对价,其在法律上所受到的尊重也绝不亚于对于金钱损害赔偿的执行。

鉴于此,法院认为,当软件的用户将其通过技术许可协议所获得并使用的软件程序进行了修改或变更,而未依许可协议的要求,清晰揭示相关的著作权和修改过程与内容时,就已超越了技术许可的范围,从而构成侵权行为。换句话说,透过开源代码的许可机制,当著作权利人已将其部分之作品交付公有领域作为无偿使用时,仍能够主张其权益,以控制他人对其作品的散布或修饰。联邦巡回上诉法院因此废弃了地方法院的判决,并将案件发回原审法院重审。

由于开源代码的初衷是共同开发,同时尽量避免无谓的法律诉讼。因此,纵使产生了争议,绝大部分也是通过和解的方式协商解决,诉讼并不多见。即便是在已有的一些相关案例中,开源代码本身的性质也并非争议焦点,而只是讨论领域内的一些关联性问题,如开源代码与不正当竞争的竞合问题。然而,这样的原意和美意却也产生了问题,司法案例的不足经常会让开源代码许可的适法性及执行力遭到质疑。

本案正是联邦巡回上诉法院首次厘清开源代码许可协议的内涵与范围,确认了此种许可协议与既有的著作权排他体系不但不冲突,反而可以互补。也就是说,即使一个软件程序是采取了开源代码从事开发,权利人仍可以据此主张其著作权益。可以说,本案是对整个开源代码许可效益的试金石,明确了违反许可协议的救济与后果。

另外,必须指出的是,法院在本案的法理推演,至少从纯粹的法律解释层面而言,并非毫无瑕疵。这是因为在美国的著作权体系之下,原则上并不承认对于著作"人身权"的保护。因此,对于类似署名权的保护就必须依赖当事人之间所订定的许可协议来达成。

由于开源代码的使用日益广泛,本案判决结果应是对于主张强化著作权保护和采用开源代码两者的共同胜利。这也彰显了二者在事实上是彼此互补而非相互对抗的关系。唯有在良好著作权保护体系和执法机制下,开源代码许可的优势才能充分发挥。

在本案判决公布后,自由软件社群普遍给予了正面反馈,一向对著作权保护采取强势作为的团体也对这个结果表达了支持。双方在经过多年的缠斗后竟能在此达成共识,实属难能可贵。也由于这一判决,未来至少在美国的计算机软件市场,我们有希望见到更多使用"开源代码"许可从事的研发活动。

但是,这并不代表开源代码的使用问题已经解决。事实上,在这个领域中,仍有许多问题有待厘清,诸如含有专利的计算机软件与开源代码竞合时应如何处理等。但无论如何,本案已对计算机软件和数字内容产业的发展带来了相当的稳定力量。①

2. BusyBox 系列案

2007~2009 年,软件自由保护协会(Software Freedom Conservancy, SFC)代表 BusyBox 的主要开发者,以违反 GPL-2.0 协议为由提起了一系列版权侵权诉讼。

2007 年 9 月,SFC 对 Monsoon Multimedia, Inc. 提起诉讼,指控 Monsoon 在产品中包含 BusyBox 代码而不发布源代码,违反了 GPL。2007 年 10 月,中国证券监督管理委员会(以下简称证监会)的一份新闻稿宣布双方已达成财务和解,Monsoon 同意遵守 GPL 协议。

2007 年 11 月,SFC 对 Xterasys Corporation 和 High-Gain Antennas, LLC 提起诉讼。2007 年 12 月,证监会宣布双方和解,Xterasys 同意在发布根据 GPL 许可的完整源代码前停止发放侵权产品,并向 SFC 支付和解金。

2007 年 12 月,SFC 对 Verizon Communications, Inc. 提起诉讼,指控 Verizon 在没有提供相应源代码的情况下在无线路由器中分发 BusyBox,违反了 GPL 协议。2008 年 3 月,宣布双方和解,和解协议包括遵守 GPL 许可证和支付和解金等内容。

2009 年 12 月,SFC 对 Best Buy、Samsung 和 Westinghouse 等 14 家公司提起诉讼,指控其违反 GPL 协议。最终,多数被告都同意和解赔偿。

3. Free Software Foundation, Inc. v. Cisco Systems, Inc.

2008 年 12 月 11 日,自由软件基金会(FSF)在美国纽约南区地方法院对思科公司(Cisco Systems, Inc.)提起诉讼。FSF 声称,思科公司以 Linksys 品牌销售的各种产品违反了 FSF 拥有版权的许多程序的许可条款,包括 GCC、GNU

---

① 参见孙远钊:《"开源代码"亦享著作权保护——解析美国 JACOBSEN 与 KATZER 之间的开源软件纠纷》,载同立钧成公司官网 2014 年 11 月 4 日,https://www.infopatent.com.cn/case-detail-kaiyuandaima.html。

Binutils 和 GNUC 库。这些程序中的大多数都在 GPL－2.0 许可证下获得许可。

原告声称其受版权保护的代码存在于多个 Linksys 模型和程序 QuickVPN 中，要求法院禁止思科进一步分发包含 FSF 版权代码的 Linksys 固件，并要求赔偿相当于思科从销售这些产品中获得的所有利润的损失。

2009 年 5 月 20 日，双方宣布和解，思科同意任命一名董事来确保 Linksys 产品符合免费软件许可，并向 FSF 提供了一笔财务捐助。

4. Geniatech v. McHardy

Geniatech 诉 McHardy 案于 2018 年由德国科隆高等地区法院审理。原告 Geniatech Europe GmbH 是总部位于中国深圳的消费品制造商金亚太（Geniatech）在德国的代表，其制造的一系列卫星电视接收器设备采用了 Linux 操作系统。被告 McHardy 一直致力于为 Linux 内核提供网络相关操作的 Netfilter 子系统的开发。

经过审理，科隆高等地区法院认为 McHardy 不是 Linux 内核或 Netfilter 的合著者，尽管 McHardy 可能拥有衍生作品的权利，但他没有提供足够的证据证明他的贡献具有版权。因为此类贡献需要代表开发人员的智力创造，所以排除了大多数维护编程的情况。此外，Geniatech 在提交的文件中证实，McHardy 执行执法活动主要是为了谋取金钱利益，而不是为了遵守许可规定。

2022 年年初，Netfilter 项目宣布 McHardy 与其核心团队的三名成员达成了具有法律约束力的和解协议。

三、专利权纠纷

1. Diamond v. Diehr（1981），Bilski v. Kappos（2010），and Alice Corp. v. CLS Bank International（2014）

在这些案件中，美国最高法院定义了有关计算机程序专利资格的法律，即在计算机程序中实施的知识产权本身并不属于专利法，计算机程序不能申请专利，但可以申请版权。

其中,在 Alice Corporation 诉 CLS 银行案中,软件自由法律中心(SFLC)向美国联邦巡回上诉法院提交了一份摘要,以支持长期以来限制计算机程序专利权的法院先例。SFLC 表示支持机器或转换测试,该测试将软件过程的专利申请限制在指定用于特定目的的计算机上。法院的最终裁决与 SFLC 提交的观点保持了一致。

2. Enfish LLC v. Microsoft Corp.

Enfish LLC 诉 Microsoft Corp. 案的 Enfish LLC 诉 Microsoft Corp. 是美国联邦巡回上诉法院在 2016 年审理的一个案例,裁决支持了在通用计算机上运行的软件的专利资格。

四、商业秘密纠纷

韩国首尔中央地方法院审理了一起案件,其中被告使用为前任雇主开发并根据 GPL-2.0 获得许可的代码来开发竞争产品。被告已从公司退休,但私下保留了一份源代码副本,并将其提供给竞争对手公司,将竞争对手公司的开发周期缩短了两个月。被告争辩说,在分发作品时遵守 GPL 协议的同时不可能维护商业秘密,因此他们不能侵犯商业秘密。这一论点被认为毫无根据,被告在刑事诉讼后被判刑。

如果商业秘密的内容具有竞争性财产价值,那么商业秘密不需要新颖或进步,即属于知识产权法保护范围。禁止侵犯商业秘密的目的是避免不正当的优势。

五、合同纠纷

1. Artifex Software Inc. v. Hancom Inc.

Artifex 是 GPL-3.0 软件产品 Ghostscript 的独家许可方,Hancom 是一家韩国软件公司,其销售的软件中使用了 Ghostscript。本案的争议焦点是判定被告是否违反开源软件许可协议。经审理，法院查明，根据 GPL 的规定，Ghostscript 用户同意其条款创建合同，但 Artifex 声称 Hancom 没有获得使用 Ghostscript 的商业许可，也未能分发或提供其软件的源代码。

本案确定了 GPL 作为构成源代码所有者与通过许可证使用该代码的主体之间的合同，开创了允许许可人在一方不遵守许可条款的情况下提出违约索赔的先河。

2. SCO Group Inc. v. International Business Machines Corporation

SCO Group Inc. 诉 International Business Machines Corporation 是在美国第十巡回上诉法院提起的诉讼。它涵盖了一份复杂的合同，其中包含关于合同义务的侵权索赔。自由软件基金会（FSF）的法律顾问埃本·莫格伦（Eben Moglen）就诉讼发表了声明：

至于其商业秘密索赔，这是在针对 IBM 的诉讼中实际提出的唯一索赔，仍然存在一个简单的事实，即 SCO 多年来一直分发内核 Linux 的副本，作为 GNU/Linux 自由软件系统的一部分。根本没有法律依据可以让 SCO 就其根据 GPL－2.0 协议发布的材料向其他人索赔并要求承担商业秘密责任。

2003 年 5 月 14 日，SCO 集团宣布他们将不再发行 Linux，但表示将继续支持现有的 SCO Linux 和 Caldera OpenLinux 客户，使他们免受与 SCO Linux 和 Caldera OpenLinux 产品有关的任何 SCO 知识产权问题的伤害。

SCO 声称，他们的员工在未经适当授权的情况下使用了 GPL 许可的代码，因此许可条款不具有法律约束力。对于使用 GPL 许可的代码，版权所有者必须在代码前放置 GPL 声明，而 SCO 没有添加该声明。

六、反垄断纠纷

华莱士诉国际商业机器公司案（Wallace v. International Business Machines Corp.）发生在华莱士诉 FSF 的诉讼被驳回之后。华莱士的论点是，FSF 创建的“Copyleft”系统是 IBM、Novell 和 Red Hat 的一个项目，旨在压低潜在竞争对手的价格。因此华莱士认为,这可以根据规范掠夺性定价的反垄断法进行管理。

反垄断法的目的是通过促进竞争以保持低价来保护消费者免受掠夺性定价。然而,华莱士试图利用反垄断法来抬高价格,暗示它不可能与 IBM 进行价格竞争。尽管它有些软件是免费的,但由于专有操作系统的数量不断增加以及市场上的持续竞争,这一说法很快就被驳回了。最终,美国第七巡回上诉法院裁定,根据美国法律,GPL-2.0 并未违反联邦反垄断法。这起诉讼确认了 GPL 协议和开源软件不能受到反垄断法挑战这一原则。

七、合理使用纠纷

谷歌诉甲骨文案(Oracle v. Google Android)是一起以计算机代码性质为焦点的版权法案件。该案的诉争对象是 Java 编程语言的部分应用程序接口(API),以及大约 11,000 条源代码。这些接口及代码最早由 Sun 系统公司开发,目前甲骨文公司通过其附属的甲骨文美国公司对接口及代码享有版权。谷歌在其开发的安卓操作系统的早期版本中使用了上述接口及代码,但是在后来发布的安卓版本中不再使用上述有版权负担的源代码。至于甲骨文的 API,谷歌虽承认存在使用行为,但主张其构成合理使用。

2010 年 8 月 13 日,甲骨文向美国加利福尼亚州北区联邦地区法院起诉谷歌侵犯版权及专利权,认为 API 属于受版权保护的内容,并以此为由主张谷歌赔偿销售侵权软件及许可费 88 亿美元。依据甲骨文方面的说法,谷歌在明知没有 Java 许可的情况下仍坚持开发安卓系统、挪用 Java 的 API,构成对甲骨文版权的侵犯。甲骨文同时引证其名下 7 个由 Sun 开发、与 Java 相关联的在先专利,认为谷歌在雇佣 Sun 公司的前雇员开发安卓系统时本应留心这些专利。因此,甲骨文一方面主张金钱赔偿,另一方面也主张针对谷歌使用涉侵权材料的行为下发禁制令。

本案被法院分为三部分进行处理:版权问题、专利问题及损害赔偿。第一阶段的诉讼从 2010 年起持续至 2015 年。甲骨文关于 API 应受版权保护的主张获得了支持,但其关于专利侵权的主张遭到拒绝。

在第二阶段诉讼中,根据上诉法院的指令,地方法院于 2016 年 5 月 9 日再次开庭进行第二次审理。在 API 受到版权保护的前提下,审理谷歌的行为是否属于合理使用。2016 年 5 月 26 日,陪审团认定谷歌安卓系统中实现的 37 个 Java API 为合理使用,不构成对甲骨文的侵权。

虽然在地方法院的两次诉讼中,陪审团都作出了有利于谷歌的裁决,但甲骨文接着提起了上诉。上诉法院综合衡量了既有认定合理使用的四项标准,认为即使陪审团决定的所有事实都对谷歌有利,谷歌对 Java 代码的使用仍不属于合理使用。因为谷歌的使用不符合"转换性使用"的要求,其使用目的与版权人原有的使用相同,甚至没有些微的更改或重写。即使从建立新平台的意义上说,安卓系统的使用也没有转换性,因为市场上早有其他基于 Java 的智能手机。并且,谷歌并未作出实质性的努力以实现第三方互操作性的目的,甚至试图隔断安卓系统与其他 Java 项目的互操作性,这种使用可能对 Sun 和甲骨文的市场造成损害。因为可以预见,甲骨文将不得不与一款由自己所属计算机语言衍生所得的免费产品开展价格竞争,付出大幅折扣作为代价。

最终,联邦巡回上诉法院于 2018 年 3 月 27 日作出了有利于甲骨文的裁决,并将案件发回地方法院,以确定谷歌应支付给甲骨文的损害赔偿金额。

2019 年,谷歌向美国最高法院提出上诉,最高法院就接口是否受版权保护及合理使用的问题对本案进行审理。最高法院在假定 API 受版权保护的基础上,就合理使用原则的四个要素对谷歌的行为进行审查,认定四项的结果都倾向谷歌。2021 年 4 月 5 日,最高法院以 6 票对 2 票的多数,主张谷歌只使用了大约 0.4% 的 Java 源代码,可忽略不计,其对 Java API 的使用"仅以实现智能手机程序的实用性所需为限",因此谷歌对 Java API 的使用属于合理使用。这一判决推翻了联邦巡回上诉法院的判决,并将案件发回,由地方法院进一步审理。

谷歌与甲骨文的这一诉讼历时弥久,并为科技行业所密切关注。鉴于 API 的大量使用,如果司法判决有利于甲骨文,可能对过去和未来的软件开发都产生重大影响。包括谷歌及其他基于安卓系统的开发人员在内的反对上诉法院判决的人,或是从互操作性、对软件创新的影响等各方面提出了他们的担忧,或是指出既有接口的版权人可能以其权利恶意挟持那些善意信赖相应标准开放性的下游开发者。如果 API 受到版权保护,下游企业将不得不故意采用不兼容的标准以免面临复杂的诉讼风险。而这与当前的行业趋势——提高不同服务之间的互操作性,允许程序之间的交流,为终端用户建设更加一体化的平台是不相容的。

《连线》杂志以 Linux 操作系统为例,评论认为:Linux 是完全开源的,但它所采用的 POSIX 是一套模仿 Unix 操作系统以实现高度互操作性的 API。编程人员只需要编写一组代码,就可以在具有相同 API 的任何系统上编译,即使系统的计算架构不同。如果甲骨文胜诉,则 Unix 的当前所有者 Micro Focus 公司可能会向所有试图基于 POSIX 的操作系统的开发者寻求赔偿。

行业和法律专家们担忧甲骨文的胜诉可能会对软件开发产生寒蝉效应:版权所有者将得以阻止对 API 实施反向工程、开发可以互操作的替代产品,而这种做法在开源软件开发中很常见。但同时专家也担心,对谷歌有利的判决会削弱对代码开发者的版权保护,让资源丰富的企业能轻易开发、改进小企业的产品,减损对行业创新的激励。

但是总体而言,这个判例对整个软件产业的影响是积极的,谷歌可以继续发展基于 Java 语言的安卓开发框架,从而吸引更多的应用开发人员,让更多人有更高的热情为安卓操作系统开发应用,这对于整个操作系统产业,如安卓手机,无疑是一个利好。对于许多普通的开发人员来说,他们的学习负担大为减轻,可以重复利用已有的知识和技能。

八、其他类型纠纷

1. Computer Associates v. Quest

美国地方法院东区伊利诺伊州、北达科他州法院的判决结果确定,尽管 Computer Associate 的源代码包含先前已知的源代码,但并不妨碍他们保护自己的源代码。因为 GPL 协议中有一个特殊的例外,即允许不受限制地使用 1.25

版之后(包括 1.25 版)的 Bison 版本的输出文件。

2. Welte v. Sitecom Germany

2004 年 4 月,在 Sitecom 拒绝停止分发 Netfilter 的 GPL 许可软件,违反了 GPL 的条款后,慕尼黑地方法院授予了针对 Sitecom Germany 的初步禁令。法院的裁决说明:被告在未遵守 GPL 许可条件的情况下提供软件"netfilter/iptables"供下载并为其分发做广告,侵犯了原告的版权。因为这些行为只有在被告获得许可的情况下才被允许。

3. AFPA v. Edu4

2009 年 9 月 22 日,巴黎上诉法院裁定 Edu4 分发远程桌面访问软件 VNC 的二进制副本,同时拒绝用户访问其相应的源代码,违反了 GPL-2.0 的条款。

法国自由软件基金会(FSF)律师 Olivier Hugot 表示,分发该软件的公司已收到强烈提醒,该许可证的条款可根据法国法律强制执行。法国的用户可以放心,如果需要,他们可以利用法律体系来解决违规行为并尊重他们的权利。但是这项裁决的独特之处在于,该诉讼是由软件获得者提起,而不是版权所有者。人们普遍认为,只有作品的版权持有者才能执行许可条款,但在法国并非如此。根据 GPL 协议,获得软件的人也可以请求合规,因为许可证授予了他们作者的权利。

4. Free/Illiad 案

2008 年 10 月,巴黎地区法院审理 Free/Illiad 案并作出裁决。Free/Illiad 是一家互联网服务提供商。他们分发的路由器包含在 GPL-2.0 下许可的软件,但并没有提供源代码或 GPL 协议的文本。

Free/Illiad 辩称路由器是他们的财产,不会卖给客户,且路由器仍在他们的网络上,因此他们的行为不构成 GPL 条款下的"分发"。最终双方在 2011 年 7 月达成了一项和解协议,Free 宣布发布源代码,并告知用户其路由器中使用了 GPL 软件。

第六章　争议解决:诉讼风险及应对措施

第一节　开源软件诉讼要点及对策分析

一、起诉主体常见类型

1. 开源软件作者或权利人

当开源软件使用方违反开源许可证的义务或要求时,开源软件作者或权利人有权提起诉讼,软件使用方可以通过软件登记证书参照确认软件的权利主体。

在国内首个认定 GPL - 3.0 协议法律效力的罗盒公司与风灵公司软件著作权纠纷案中,开源软件作者(软件提供方)作为原告,在面对被告(软件使用方)违反 GPL - 3.0 协议的要求时提起诉讼,主张合同违约救济。

2. 授权方

在附有专利权报复条款的开源许可证(如 Apache - 2.0、CPL - 1.0 等)中,若引用该开源许可证的软件使用方对任何第三方提出专利侵权的主张或诉讼,此时授权该使用方相关专利的许可将会反制性地被终止。在此种情形下,若软件使用方仍继续使用,将引发侵权风险,可能会受到授权方的起诉。

3. 第三方权利人

在使用或引入开源软件的过程中,若该开源软件曾使用或引入第三方私有软件或代码,但并未获取该第三方的授权许可,则后续开源软件使用方在使用或引入该开源软件时,可能会遭受第三方权利人的诉讼,承担相关侵权责任。

二、起诉事由常见类型

（一）国内起诉常见事由

1. 著作权侵权

著作权侵权常见的情形包括：①未保留版权声明。版权声明包括软件名称、作者或者版权所有者姓名，未保留的则可能侵犯署名权。②未保留许可声明和免责声明。开源软件一般免费使用，因此原权利人一般不承担任何责任，对开源软件进行使用、修改、衍生或二次分发时，原权利人的免责声明必须进行保留，因此软件使用方需明确使用软件的许可证类型及其权利义务。③未提供修改声明。Apache－2.0、LGPL－2.1、GPL－2.0 等许可证要求提供修改声明并区分代码，未提供修改声明可能导致权利人终止授权，后续的行为都变成侵权。④违反开源要求，使用强传染性许可证下的开源代码并对其进行修改、再分发，而未将软件整体进行开源；或是修改弱传染性许可证下开源代码，未开放被修改的代码或衍生代码，违反许可证的开源要求，都属于违约行为，后续的再利用行为也会构成著作权侵权。⑤使用来源不明的开源软件，代码的来源瑕疵将导致后续使用行为直接侵犯软件著作权，而根据开源许可证的免责声明，届时使用者需承担由此引发的全部法律责任。

2. 专利权侵权

专利权侵权常见的情形包括：①开源许可证未明示专利权许可。例如，在 BSD 和 MIT 许可证中，开源软件权利人将与该开源软件相关的技术方案申请并取得了专利权，即使被许可人在使用该开源软件时遵守了许可证的要求，也可能因为专利权授权不明确面临专利权侵权风险。②开源软件本身存在专利权侵权风险。同使用来源不明的开源软件一样，若开源软件本身存在瑕疵，如贡献者未经许可，将他人享有专利权的技术方案用于开源软件中，则后续的被许可人使用、再分发开源软件的行为同样可能构成专利权侵权。

3. 商标权侵权

商标权侵权常见的情形包括：①反向假冒。若软件厂商去掉其他厂商的源程序包中的商标，再经过加工，加上自己的商标集成到新的发布版本中，这种行为会使得他人商标在同类产品市场上的影响力减弱，构成商标侵权。②商标侵权。使用了未经授权的认证商标，如 OSI 证明商标，也会构成商标侵权。

4. 商业秘密泄露

不同开源许可证下的开源软件，对使用者的限制与义务有所不同。以 GPL 类的传染型开源许可证为例，开发者在自己的私有软件或代码中加入 GPL 开源软件或代码时，将受 GPL 类开源许可证的"传染"，而需要依据 GPL 类开源许可证的义务和要求，将其私有软件或代码进行开源，如果开发者自己的私有软件或代码原本是一项商业秘密/技术秘密，但是因为使用了 GPL 类的开源软件或代码而导致需要将其私有软件或代码进行开源，将使其本身或其所属企业的商业秘密/技术秘密被迫公开。

5. 委托开发合同纠纷

第一，软件功能约定不清引发纠纷。

软件使用方有时会认为软件提供方没有实现事前约定的功能，可能是因为软件提供方认为属于其要求新增的功能，应该另行付费后再进行开发。

软件使用方也可能在软件开发过程中对软件功能进行变更，如果没有对此进行书面确认，也会增加产生争议的风险。

第二，软件上线定义不明确引发纠纷。

作为开源软件委托开发合同订立的目的，软件上线是开发过程中一个非常重要的环节，对整个软件的开发具有里程碑意义。关于上线的定义，目前理论界并无统一意见，为避免软件使用方与提供方在上线这一关键环节产生争议，软件开发合同应该对此进行明确定义。软件上线通常可被理解为，将开发的软件部署在云服务器上，软件提供方进行现场演示，展示预先设定的功能，以验证是否达到预期状态。

第三，具体软件交付条款约定不明引发纠纷。

由于软件行业的特殊性，软件交付一般发生在云服务器上。如果不对软件交付的具体条款进行约定，很可能会导致软件使用方无法获得软件代码，引发双方争议。

在中国大百科全书出版社有限公司与北京英捷特数字出版技术有限公司计算机软件开发合同纠纷案中，法院的审判观点认为，如果软件开发方已经向软件使用方提交了云服务器账号、密码等，并已成功登录服务器，即便其中的代码被清空，也认为软件提供方已经尽到交付义务。以某软件开发合同案为例，开发公司提交经公证的邮件证实其已完成合同软件开发并交付了合同软件给委托方，法院判决认可该公司已按约交付合同软件。①

第四，软件验收合格条款约定不明引发纠纷。

软件验收是部署软件之前的最后一个测试操作，是确保软件准备就绪，软件使用方能够将软件用于执行既定功能和任务的关键步骤，因此在软件开发合同中明确约定软件验收条款十分必要。

第五，授权许可不明引发纠纷。

在涉及第三方引入的开源软件中，软件使用方应该主张对有关授权许可作出明确约定，避免自己因无授权许可或者授权许可不明确遭受侵权索赔。

针对上述可能引发纠纷的情形，笔者建议区分不同情况对软件授权许可条款进行约定：如果软件是由提供方自行研制，建议合同明确约定授予软件使用方或其许可的其他主体商业使用权（包括分许可的许可权）；如果引入的是有其他权利人的开源软件，提供方必须保证并证实自己已合法取得相应使用授权；如果因软件原因导致软件使用方侵权，则软件提供方必须采取补救措施以保证公司有权使用。

---

① 参见北京知识产权法院民事判决书，（2017）京073号民初443号。

(二)国外开源案件纠纷常见案由

1.出口管制纠纷

案例1:Junger v. U.S. Department of State

大学教授Junger在课堂上为学生讲述软件技术相关的法律,其中有关于软件加密的技术,但听课的学生中有外国留学生,因此落入了出口管制限制的范围。按照《美国国际武器贸易条例》(International Traffic in Arms Regulations, ITAR)的规定,在向外国人传达有关加密软件的信息之前,必须获得国务院国防贸易控制办公室的许可。在披露信息之前未获得此类许可的处罚可能高达100万美元的罚款和10年的监禁。

这项规定备受争议,因为其威胁到了美国软件行业的长期生存能力。根据美国国家研究委员会的说法,软件行业已经每年至少花费几亿美元在处理这类问题上,而且有迹象表明这个数字在未来会继续增长。目前,废除或限制这些法规的法案正在国会等待审议。①

案例2:Bernstein v. U.S. Department of Justice

在加利福尼亚大学伯克利分校读研究生期间,学生Bernstein完成了他称之为"Snuffle"的加密方程(一种算法)的开发,并希望公开发表:①算法;②描述和解释算法的数学论文;③包含该算法的计算机程序的"源代码"。Bernstein还希望可以公开地、不受限制地在数学会议、大学课堂和其他公开会议上讨论这些。

但《美国武器出口管制法》(AECA)和《美国国际武器贸易条例》(ITAR)要求Bernstein将他关于加密算法的成果提交给政府审查,并向政

① 参见Junger v. U.S. Department of State,载电子前沿基金会,https://www.eff.org/cases/junger-v-dept-state。

府申请获得许可证，否则将对其进行严厉的民事和刑事处罚。Bernstein 认为这些要求违反了第一修正案赋予他的相关权利，并起诉了相关部门。

经过四年的审期和一次监管变更，美国第九巡回上诉法院裁定，Bernstein 的软件源代码受第一修正案的言论保护，政府阻止其发布研究成果属于违宪行为。虽然 2003 年 10 月 15 日，即在一审过后的九年，又有法官驳回了此案，并撤销了原审法官的意见，但美国第九巡回上诉法院认为发布软件源代码属于言论自由的观点，对软件源码自由流通具有支撑意义。①

2. 著作权纠纷

案例 1：Jacobsen v. Katzer

本案上诉人 Robert Jacobsen 是“Java 模范铁路操作接口”计算机软件程序开发小组的管理者。这个小组研发出了一套名为“DecoderPro”的软件程序，专门让嗜好赏玩模型火车的人士能够直接运用计算机来操纵模型火车中的内建译码器芯片，从而可以让整个模型火车从事不同的运转。

这个程序以开源代码之中的技术许可方式放置在一个名为 SourceForge 的网站，供其他的使用者无偿下载。在这个提供给大众自由下载的程序版本中，包含了一段关于著作权的说明文字，并且在供用户下载的字段中，明确标示了使用者同意是以技术许可的方式来下载或散布等。

被上诉人则是开发了一套与原告从事竞争、名为“Decoder Commander”的软件程序。在开发此软件的过程中，其一名软件工程师被指控下载了上诉人的软件套件，并将其中的定义档和其他部分程序纳入“Decoder Commander”的软件之中。因此上诉人主张被上诉人在使用其定义档时，没有达到有关许可的要求，从而构成了对其著作权的侵权。

---

① 参见 Bernstein v. U. S. Department of Justice，载电子前沿基金会，https://www.eff.org/cases/bernstein-v-us-dept-justice。

具体而言,“Decoder Commander”并未列示原始作者的姓名、JMRI的著作权说明、其许可内涵为技术许可以及出处、JMRI或SourceForge为其定义档的原始来源及其程序代码是如何从原始码予以改变等。此外,“Decoder Commander”也将“DecoderPro”之中许多的文档名直接进行了变更,而未注明其原始的出处。

一审中,原告向美国加利福尼亚州北区联邦地区法院起诉,主张被告对于许可协议的违反已构成著作权侵权。因此主张依联邦第九巡回上诉法院的规则,被告应向其赔偿著作权侵权行为引起的经济损失,并且申请法院对其颁发暂时禁令。

美国加利福尼亚州北区联邦地区法院在审理中认为,开源代码之中的技术许可是故意开创了一个范围极为广泛的非专属许可。由于此一许可的范围毫无限制,因此也就没有著作侵权的问题。法院进而认为原告至多能以违约起诉,而鉴于违约不产生推定构成的经济损失,法院亦未依所请制颁暂时禁制令。原告遂针对其是否可以主张著作权侵权提起上诉。联邦巡回上诉法院将本案发回重审后,双方最终达成和解。

可以说本案是对于整个“开源代码”许可效益的“试金石”,美国联邦巡回上诉法院首次对“开源代码”许可的范围和内涵予以厘清,确认了这一许可同既有的著作权排他体系不但不相冲突,反而可以互补。也就是说,即便一个计算机软件程序是采用“开源代码”的形式开发,权利人依然可以据此许可行使其著作权利。这解决了免费使用软件的版权持有者可以控制另一方对其作品的修改和使用的程度的问题,使得当事人可以对违反这一许可的救济与后果有一个更加明确的预期。

本案判决公布之后,自由软件社群的反应普遍较为正面,一向对于著作权保护采取强势作为的权利人主体也对此判决结果表达了支持和欢迎。也正是由于这一判决,美国的计算机软件市场见到了更多通过“开源代码”许可所从事的研发活动。[①]

案例2:Welte v. D-Link

奥地利人 Almusberg 和英国人 Woodhouse 分别是 msdosfs、initrd 软件程序和 mtd 软件程序的作者,这三份软件程序适用 GPL 协议授权许可。依照 GPL 许可协议,被许可人有权自由使用和运行软件程序、自由研究源代码并对软件进行修改、拷贝、发行和向公众发布修改版本等。[②] 但是被许可人必须遵守 GPL 协议所规定的以下义务:(1)如果被许可人要再发布拥有 GPL 的软件或者是基于 GPL 的软件,那么必须以 GPL 再发布;(2)被许可人再发布时必须完整保留原著作权声明和 GPL 协议原文;(3)如果被许可人修改了部分源文件,那么改动和日期必须在被修改的文件中进行声明。

原告 Haralad Welte 通过与 Almusberg 和 Woodhouse 签订协议取得了上述软件程序的复制、发布以及允许第三方对软件作出修改的排他性使用权。后原告发现,被告德国友讯公司在自己开发的"G-DSMG600"中使用了上述 Linux 操作系统内核 msdosfs、initrd、mtd 软件程序。但被告在对外出售该数据存储器时,却并未满足 GPL 协议的许可条件。

德国法兰克福地区法院认为,GPL 协议条款属于预先拟定的合同条款,该条款由著作权持有人向软件使用方提出,可以认定开源软件许可证具有法律效力。GPL 协议规定,软件程序使用人必须附上许可证的正文、发布原作者著作权标示和无担保声明以及附上完整的源代码,这些规则并没有不当损害使用人的利益。被许可人如果违反上述授权许可条件,那么根

---

① 参见《国内涉开源协议典型案例分析》,载微信公众号"工信部电子知识产权中心"2022 年 4 月 14 日,https://mp.weixin.qq.com/s/L1zWNWBaCT4i4tcwtBnteA。

② 参见张汉华:《违反开源软件许可证的法律救济——以德国法为视角》,载《法学评论》2015 年第 3 期。

据 GPL 协议的规定，则无权再对本程序加以复制、修改、再授权或者散布。① 任何企图以其他方式复制、修改、再授权或者散布本程序的行为都将被视为无效，并且基于本授权所享有的权利都将自动终止。所以，未经授权，发布或复制该软件的行为，侵害了许可人的著作权，被告需承担侵权责任，包括禁令救济和损害赔偿救济。

与此同时，在侵权救济途径方面，德国法院还支持了原告关于提供信息的请求。根据《德国著作权法》第 101 条的规定，受害人可以请求侵害人不迟延地提供关于侵权复制件或其他产品的来源与销售途径的信息。② 因此，本案中，原告请求被告披露从何处获得“G-DSMG600”数据存储器以及已经获得的数量、已售出该数据存储器的数目和商业买家的身份等信息请求均得到了法院的支持。

从该案的审理中可以看出，德国法院倾向于将 GPL 所设定的条件认定为附解除条件的合同。法院认为，如果被许可人违反该条件，开源软件权利人可以根据《德国著作权法》提起诉讼，主张被许可人侵权。

在信息全球化的今天，开源软件以及开放标准、开放计算已经成为信息技术产业发展的重要推动力。德国法院的这一判决，对促进软件产业的创新发展具有积极意义。③

案例 3：Ovation v. Ma rco Poglie & Francesco Pesce

该案的原告是总部设在意大利的 Ovation 有限责任公司，其开源的

① 参见罗瑞雪：《开源协议适用范围及其对软件著作权侵权判定的影响》，载《中国版权》2020 年第 5 期。

② 参见《德国著作权法：德国著作权与邻接权法》，范长君译，知识产权出版社 2013 年版，第 140 页。

③ 参见《国外涉开源协议典型案例分析》，载微信公众号“工信部电子知识产权中心”2022 年 4 月 21 日，https://mp.weixin.qq.com/s/L1zWNWBaCT4i4tcwtBnteA。

Dynamic. oo 是用于构建 WordPress 网站的开源 Elementor 平台的一个插件，该公司基于 GPL－3.0 分发了该软件。根据 GPL－3.0 协议，被授权人可以基于程序源码进行修改，但是如果想要分发修改后的软件，就必须带有醒目的修改声明以及相应的日期。

原告称，它的两名前雇员 Marco Poglie 和 Francesco Pesce 以及 Pesce 旗下位于意大利威尼斯的 Nerds Farm 公司重新分发了 Dynamic. oo 软件，但在重新分发该软件的过程中却并没有遵守 GPL 协议，既没有包括对原始作品的确认，也没有提供有关被告对软件所作更改的信息和提及该软件的版权所有者。在公司正式通知他们终止非法行为，以保障以自由形式分享代码的开发者权利时，他们选择了无视。

经过审判，法院除了判令被告在符合软件许可协议要求前停止分发软件之外，还规定了被告延迟执行判决结果的罚款，即在最初的 15 天内，被告每拖延一天，会被处以 100 欧元的罚款，超出 15 天的期限之后，罚款将会增加到每天 300 欧元。此外，法院还判决被告支付原告超过 5000 欧元的诉讼费用。

此案是意大利国内关于开源软件许可协议法律可执行性的一个标志性案例，这意味着意大利法院认可了 GPL 协议的法律价值。意大利 Ovation 公司在法院裁决之后的新闻稿中表示，这一裁决结果表明意大利在对以开源软件许可分发的知识作品保护中迈出了重要一步。

案例 4：Oracle v. Google Android

2018 年美国联邦巡回上诉法院对 Oracle v. Google Android 进行了裁决。该案件涉及谷歌合理使用甲骨文根据 GPL－2.0 许可的源代码。谷歌复制了 37 个 API 以帮助构建其用于智能手机的免费 Android 软件，并推出了一款与甲骨文竞争的产品。该代码的许可要求对代码或衍生代码进行改进，以便免费共享；需要支付许可费以避免发布代码或与代码所有者竞争。谷歌在未支付许可费的情况下在竞争产品中使用了 API，甲骨文认为这是侵犯版权。

在考虑了合理使用法的适用性后，联邦巡回上诉法院作出了有利于 Oracle 的裁决，同时发现谷歌在大多数情况下都失败了。2019 年，美国最高法院决定允许上诉，如果法院裁定谷歌败诉，谷歌将面临 90 亿美元的赔偿责任。

2021 年 4 月，最高法院以 6 票对 2 票的结果裁定，谷歌对 Java API 的使用属于合理使用的四个因素。但是，该裁决没有确定 API 是否可以受版权保护，并且推翻了联邦巡回上诉法院的裁决，将案件发回重审。

3. 违约纠纷

开源软件的用户被开源许可证赋予了特定权力，因此也必须遵守特定的约束措施。

案例 1：MySQL AB v. NuSphere & Progress

2000 年 6 月，MySQL AB 和 NuSphere 两家公司签订了一个临时协议，依照该协议，NuSphere 公司获得分销 MySQL 的权利并为 MySQL 数据库提供相关的服务，但应当为此支付 250 万美元的费用。这也是 MySQL 第一次以 GPL 授权协议发布。

在之后的合作中，双方出现了矛盾。2000 年 8 月，双方终止临时协议。不久，NuSphere 将 mysql. org 注册为域名，并且拒绝将该域名转让给 MySQL AB。双方多次进行私下协商，均未达成一致意见。

2001 年 6 月 15 日，NuSphere 和 Progress 起诉 MySQL AB、TcX DataKonsult AB、David Axmark 和 Michael Monty，认为他们构成合同违约，不正当地干涉第三方合同关系以及不正当竞争。

2001 年 7 月 11 日，MySQL AB 也向美国麻省波士顿法院提起反诉，控告 NuSphere 和 Progress 商标侵权，违反双方临时协定中的约定，违背 GPL 协议的要求，以及存在不正当和欺骗性交易行为。

双方发生诉争之后，制定 GPL 协议的 FSF 为此发表声明，认为 NuSphere 违反了 GPL 协议，因此失去分销 MySQL 的权利。其理事会成员之一 Eben Morgen 也作为技术专家出庭作证，使得 GPL 协议受到了法律的首次审查。①

2002 年 11 月 7 日，诉讼双方就他们之间关于 MySQL 商标和版权的使用、对 GPL 协议的遵循等一系列法律争端达成了庭外和解。

尽管案件纠纷涉及因合同引起的商标、域名、版权和 GPL 协议等纠纷，但是从法庭采用初步禁令的这一行为本身，以及从禁令涉及的范围来看，商标、域名的纠纷在事实上是清楚的。有争议的是 Gemini 源代码的保密是否构成对 GPL 协议的违反以及 GPL 协议的效力问题。而在这两个问题上，法庭并没有给出答复。②

案例 2：自由软件基金会诉思科系统公司案

2008 年，FSF 一纸诉状将思科公司告上法庭，称思科的 Linksys 无线路由器违反开源许可协议，侵犯版权。

FSF 称，在众多 Linksys 品牌产品的销售过程中，思科违反了 FSF 拥有版权的许多程序的许可规定，其中包括 GCC、binutils 和 GNUC 库等。按许可协议规定，用户有权利分享和修改这些软件，但思科并未遵守该规定。

FSF 许可认证工程师 Brett Smith 在其博客中表示，早在 2003 年，FSF 就已经获悉 Linksys WRT54G 无线路由器在其固件程序中使用了 GNU/

---

① 参见张韬略：《MySQL AB 诉 Progress Software Corp.，NUSPHERE Corp. 案——GPL 许可证与法律失之交臂》，载《网络法律评论》2004 年第 2 期。

② 参见杨林村主编，张平等撰稿：《开放源码软件及许可证法律问题和对策研究》，知识产权出版社 2004 年版。

Linux 系统，当时就已经开始与思科接触，要求其遵循 FSF 的软件许可规定。这种情况却又出现在思科其他产品中。

思科对此发布公告，称自己一直是开源软件的强力支持者，认真地履行开源软件的规定和业务，对于 FSF 的起诉感到很失望。思科还表示对 FSF 所提出的问题进行了检查，认为自身完全符合开源许可规定，基于两方一直保持紧密合作关系，希望两者能够就此事达成和解。①

2008 年 12 月，FSF 对此案提起上诉后又发布新闻稿，宣布与思科达成和解。根据和解协议，FSF 同意放弃对思科的诉讼，而思科则同意任命一位自由软件主管到 Linksys，监管 Linksys 是否遵守了许可证如 GPL 的要求，这位自由软件主管将定期向 FSF 报告 Linksys 的情况。思科也将告诉 Linksys 的用户他们所拥有的权利，在网站上公开相关程序的源代码，并向 FSF 捐赠一笔钱。FSF 事后也表示，无论何时处理违反许可证协议事件，要求使用方遵守许可证业务是最优先的工作。

案例 3：软件自由法律中心诉多家违反 GPL 协议的企业案

SFLC 对四个违反了 GPL 协议的公司进行诉讼，这一系列诉讼案件都基于 BusyBox 软件。该软件在 GPL－2.0 的许可下，集聚了很多 Unix 和 Linux 功能。它是最流行的嵌入式 Linux 工具，主要用于嵌入式 Linux 的工程和设备中。

BusyBox 软件的开发者 Erik Andersen 、Rob Landley 以及 SFLC 对 Xterasys 和 High-Gain Antenna 这两个违反了 GPL 协议的公司提起了诉讼。原因主要是他们把 BusyBox 软件发布给用户时，脱离了源代码。但 SFLC 最关心的不是 High-Gain Antenna 违反了协议，而是该公司为他们的产品创建了一个网页，在 GPL 协议的许可下让用户下载源代码。

---

① 参见《自由软件基金会起诉思科违反开源许可》，载开源中国官网 2009 年 5 月 21 日，https://www.oschina.net/news/1807。

在 High-Gain Antenna 案件审理时,Xterasys 向 SFLC 妥协。并同意按照软件源代码在其 Web 站点上发布。SFLC 在遵守 GPL 协议的情况下,授予 Xterasys 全部权利分发 BusyBox 软件。此外,为确保公司严格遵守 GPL 协议,Xterasys 公司专门委派了一名遵守开源的工作人员。在和解之后,公司告知了每一位顾客复制 BusyBox 源代码的权利。最后,Xterasys 给予起诉人法律规定的范围内的补偿。在此之后,基于 BusyBox 软件,SFLC 把违反了 GPL 协议的 Monsoon Multimedia 公司也告上了法庭,并把 Verizone 公司看作最大的 GPL 协议违反者诉上法庭。

4. 专利纠纷

对于开源软件的贡献者而言,其所创作的软件作品中可能已经使用了一个或多个专利技术,进而侵犯了专利权。

与版权不同,专利要求公开技术方案,但不必公开软件的源代码。开源软件倡导自由共享,只有开放源代码,让所有人使用、学习和再创作软件代码,才能保证软件开发的持续发展。所以,专利是对开源软件的方法和功能进行了保护,著作权则是对开源软件作品表达的保护。同时,部分开源软件许可证中有明确规定,免费授予包含在该开源软件中的专利权,但也有部分开源软件许可证未明确表达这一点。

2003 ~ 2010 年,美国发生了一起著作权诉讼争议——SCO 与 Linux 之争。SCO Group 对 Linux 终端使用者以及 IBM 公司等 Linux 供应商提起诉讼的一系列法律案件。声称拥有 UNIX System V 部分原始码所有权的 SCO 公司,控诉由 IBM 公司贡献与整合进入 Linux 核心中的原始码中,使用了 System V 的原始码,违反著作权。IBM、Novell 与 Red Hat 反驳此项指控。

2007 年 8 月 24 日,联邦法院审理了 SCO 诉 Novell 案,认定 Novell 才是 Unix 商标的合法拥有者。经上诉审理后,2010 年 3 月 20 日,美国联邦第十巡回上诉法院宣判,Novell 才是 Unix 与 UnixWare 商标的合法拥有者。上诉判决宣布后,已进入破产保护程序的 SCO 公司停止了继续诉讼。

虽然从法律角度来看 SCO 的结局难料，但在商业角度上，SCO 采用法律手段无疑是要达到其商业目的。这种通过法律手段达到商业目的的做法，在我国并不多见，或许是因为国内企业对法律工具，特别是知识产权法律工具的应用尚显生疏。

SCO 的规模根本无法与 IBM 相提并论，即使是在 Linux 市场，其份额也远远不及 Red Hat。自 SCO 被 Caldera 收购从事 Linux 业务以来，其来自 Linux 的收入非常有限，收入大多来自 Unix。事实上，此次风波对 SCO 财政状况的改善已经起到了不小的作用。但是 SCO 这次“法律式”商业行动需要付出的成本也是很高的，因为打压 Linux 无疑将其置于全世界开放源码工作者的对立面。

三、争议焦点常见类型

1. 许可证法律性质

2008 年美国联邦巡回上诉法院审理的 Jacobsen 诉 Katzer 案、德国法兰克福地区法院审理的 Welte 诉 D-Link 案都认同了开源许可协议的合同性质，且均认为违反相关开源许可协议规定的使用行为构成侵权。

在罗盒公司与玩友公司等软件著作权纠纷案中，我国法院对开源许可证的合同法律性质进行了首次明确。

2. 触发开源的条件

是否需要开放自身软件源代码是公司较为关注的一个问题，因为这可能使公司面临商业秘密泄露风险。在此情境下，触发开源的条件则是双方的重要争议之处。例如，GPL－2.0 协议并未直接对下载、使用的定义作出解释。

例如，在罗盒公司与玩友公司等软件著作权纠纷案中，广州知识产权法院认为：“相对而言，GPL 在开源软件许可协议中是最为严苛，要求任何使用该开源代码的程序在再发布时，必须将其源代码以相同的许可协议公开。”[①]由此可见，

① 广州知识产权法院民事判决书，(2019) 粤 073 知民初 207 号。

司法实践中认可公开源代码的前提是“再发布时”。

3. 开源范围

依据 GPL - 2.0 协议的传染性规定,在需要开源的情况下,开源的范围一般要求是整个作品,但有以下两种例外情况:

(1)仅仅是将不是基于源代码的其他作品与源代码(或其衍生作品)一起放在同一介质存储或分发媒介上,此时非基于源代码的其他作品不适用 GPL - 2.0 协议,无须开源。

(2)如果作品的可识别部分不是来自源代码,并且可以合理地认为其本身是独立的和单独的作品,那么当你把这些部分作为单独的作品分发时,本许可证及其条款就不适用于这些部分。

4. 开源方式

在实务中,常见的开源方式有:在开源社区网站公开源代码、在某个公开的网站公开源代码、单独给接收方源代码、公布可以获取源代码的方式和途径等,但采取何种方式还需考虑不同开源许可证的要求。

5. 赔偿标准

在开源软件相关的诉讼纠纷中,知识产权侵权纠纷是最主要的纠纷案由类型。对于侵权方所应承担的损害赔偿,通常来讲应综合侵权方因侵权行为所获得的利益、被侵权方因侵权行为所遭受的损失、被侵权方为主张权利所支出的合理费用等进行衡量。

如在罗盒公司与风灵公司软件著作权纠纷案一审判决中,法院综合考量了涉案 App 在侵权软件中所起的作用、侵权软件在各平台的下载次数、被告公司的相关财务数据、原告履行开源协议的相关情况及维权合理费用、被告的侵权行为性质、侵权时间及拒不履行开源协议的情况等因素,进而进行赔偿款项的判定。

6. 开源许可协议兼容性

开源许可证兼容,是指不同许可证的开源项目,能在同时不违反所有开源项目许可证的前提下进行合并或者融合;反之,则称为许可证不兼容。许可证兼容性风险是使用开源软件时的常见风险。开源软件或依赖组件在混合使用时,由于不同的开源软件或依赖组件具有不同的开源许可证,因此可能存在许可证兼容性风险。在使用或引入开源软件时,需要审查各开源软件所适用的开源许可证的兼容性风险。以传染型开源许可证中最常见的 GPL 为例,GNU 网站上详细列出某种开源许可证是否与 GPL 兼容。若在使用或引入开源软件时,未注意兼容性风险,则可能导致违反相应的开源许可证义务或要求。

四、开源纠纷举证责任

由于技术的复杂性,并且技术处理具有不确定性,被控软件与原告的源代码是否存在相同或者相似难以确定,被告保存的源代码的证明效力也较弱,软件著作权纠纷存在一定的特殊性。

我国《民事诉讼法》第 67 条第 1 款规定了当事人有责任为其主张的事实提供证据",即"谁主张,谁举证"。近年来,如果能证明双方软件的目标程序基本相同,但没有证据证明被告是否曾接触过原告软件,在此情况下,原告只需要向法院证明其有事实根据怀疑被告侵权,由被告提交证据证明其源程序,若被告不能证明且无正当理由,则推定该侵权行为成立。[①]

一般来说,侵权诉讼中需要当事人举证的情况主要有以下几种:

(一)原告举证

1. 权属证据

以软件著作权权属证据为例,此类证据主要表现形式有:软件已经登记的,为计算机软件著作权登记证书。此证书属于经过登记的书证,通常而言其证明力大于其他书证、视听资料和证人证言,证明力较高。软件未经登记的,应提交能证明其享有权利的证据,如该软件的源程序、文档等。在这里源程序是必须的,因为软件一般通过目标程序的形式发行,而源程序是不会公开披露的,只有目标程序一般不能证明权利归属。

---

① 参见赵红仕:《举证责任分配不能一刀切》,载《中国知识产权报》2007 年 1 月 5 日。

如果没有此类证据，大概率会无法立案，或者被告会以此类证据不足为由主张原告主体不适格，从而从根本上推翻原告的主张。

2. 侵权行为证据

一般情况下，著作权侵权案件中原告要证明被告软件的源程序和与源程序开发有关的开发文档是很困难的。即使原告向法院申请了调查收集证据，被告大概率也会拒绝提供。司法实践中，对此类侵权行为的证明常采用“实质性相似 + 接触”原则，即只要原告能证明双方软件的目标程序相同或实质性相似，或者虽不相同或者实质性相似，但是被告软件的目标程序中存在原告软件中的特有内容，或者双方软件的运行界面相同，且被告接触了或有可能接触了原告的软件，就可以初步认定侵权行为的存在。

3. 原告损失证据

原告的损失是其主张赔偿的主要依据。根据 2020 年我国《著作权法》的规定，原告首先可以根据实际损失要求赔偿，在无法确定实际损失的情况下，可以以被告的违法所得作为依据要求赔偿。原告的实际损失或者被告的违法所得难以确定的，由人民法院根据侵权行为的情节作出判决，最高可判决 500 万元的赔偿。

4. 其他证据

其他证据包括被告过错证据和因果关系证据等，其中因果关系证明的难点往往不在于原告有没有损失，而在于原告的实际损失是否全部来源于被告的侵权行为。

（二）被告举证

1. 反驳侵权证据

被告在诉讼中反驳原告的侵权主张时间，可能存在以下几个方面的证据：①被告的软件是自行创作的证据，如被告进行软件开发比原告早；②原告的软件属于公有领域的证据，如软件是开源软件；③双方软件执行共同的标准或者表达形式有限的证据；④双方软件只是思想相同或相似的证据。著作权不保护作品的思想，保护的是作品的表达方式。

2. 其他证据

主要有：质疑软件著作权权属的证据，如原告的软件来源于第三方；质疑原告损失和因果关系的证据，如被告的软件还没有销售不可能对原告造成损失；被告无过错的证据，如被告是计算机软件复制品的发行者或者出租者，如有证据能证明其发行、出租的复制品有合法来源，不承担赔偿责任。

对于在侵权案件中，原、被告承担什么样的举证责任，以及如何收集证据证明侵权行为等问题，司法实践已在逐步形成完善的体系。首先，《最高人民法院关于互联网法院审理案件若干问题的规定》第11条第2款明确规定，哈希值可以作为证据来使用。其次，反编译作为一种技术手段也得到法院的认可。反编译软件可以实现从较为容易获得的目标代码向源代码的倒推，从而取证。基于反编译推导结果，难以作出侵权定量认定，但仍能够进行侵权行为认定。最后，对于实质性相似的事实判断来说，90%与10%的差别很容易判断出是否为实质性相似，但60%与40%的区别就难以判断，这可能会影响对侵权要点的判断方向。所以我们不但要引入实质性相似的具体的判断标准，更要在实务上通过与人为判断相结合的方式，实现科学判断。

如果原告起诉，一般通过电子证据取证。通过侵权人软件上的开源程序，权利人通过开源程序的框架，可以轻松地进入他人使用该开源程序而开发的软件，通过第三方电子取证，作为证据起诉对方。

在当前约定俗成的诉讼模式下，因为现实中取证难度大，电子取证方式大量存在，也得到一些法院的认可。但这种取证涉嫌非法侵入他人的计算机程序，有侵犯他人商业秘密的嫌疑，且会因证据规则的问题，可能引发证据的效力问题。因涉嫌侵犯他人的商业秘密，有可能会衍生出侵犯商业秘密的案件，甚至是刑事案件。这是各方均不愿意看到的后果。而对于原告的举证，可能会涉及证据的举证能力，远未达到证明的目的。这时，法院就会依据初步证据，要求被告提供相应的计算机软件样本，以作比对甚至鉴定。如果被告不按规定提供，则会按证据推定的规则，作出对被告人不利的认定。

因此，在诉讼规则上，我们要明确原告初步举证的义务，参考以往诉讼判例的数据。同时，结合开源软件的实际情况、开源软件的传染性，在每个上载、上传、分发开源软件过程均有网络痕迹的前提下，为举证责任制定科学的标准，让诉讼更有利于查明案情，作出公正的判决。

（三）谁主张，谁举证

举证责任的分配，往往会直接影响案件的裁判结果。随着我国法院深入推进审判方式改革，在知识产权民事案件的审理过程中，当事人及其诉讼代理人在调查取证、庭审质证等诉讼活动中的作用越来越受到重视。如果当事人及其律师没有提供证据或提供的证据材料并不能证明案件事实，很可能将承担败诉的结果。

当然，除了规定当事人对自己的主张负有举证责任外，我国《民事诉讼法》还规定，如果当事人及其诉讼代理人因客观原因不能自行收集证据，或者人民法院认为审理案件需要的证据，由人民法院调查收集。《最高人民法院关于民事经济审判方式改革问题的若干规定》规定以下四种证据由人民法院负责调查收集：（1）当事人及其诉讼代理人因客观原因不能自行收集的；（2）人民法院认为需要鉴定、勘验的；（3）当事人提供的证据互相矛盾、无法认定的；（4）人民法院认为应当由自己收集的其他证据。

在知识产权案件审理过程中，涉及侵权人因侵权行为获利情况，原则上也应当由原告承担举证责任。但通常情况下，原告因客观原因不具有自行收集这方面证据的能力。在此情况下，当事人可以通过向人民法院申请证据保全的方式，由人民法院提取、封存侵权人的财务账册，以便查清被告的获利情况。原告请求人民法院将被告因侵权获得的利益作为判决赔偿的依据时，首先应当提供相关证据证明侵权事实成立，以及证明被告是因为侵权行为而获得的利益。

（四）举证责任转换

人民法院审理民事争议时应始终以证据为中心。在诉讼过程中，随着当事人主张的事实和理由变化，举证责任可能不断地由原告转移到被告，再由被告转移到原告，使得待证事实逐步变得清晰。例如，人民法院在审理注册商标专用权人起诉经销商侵权的案件时，作为法律规定经销商承担民事赔偿责任的必备要件,法院通常要求原告证明被告具有销售明知或应知侵犯他人注册商标专用权的商品的主观心态,实际上这是非常困难的。

因此,确定谁来证明被告为某种行为时的主观心态,在一定程度上决定了谁将承担败诉的风险。对于该举证责任,审判实践中存在很大争议。大多数观点认为,在侵权案件中,原告应当证明自己是知识产权权利人或是该项权利的利害关系人,并证明被告实施了被法律所禁止的侵权行为。在此,人民法院应当注意适用举证责任的转换,即原告完成上述举证义务后,可以不再对被告行为时的主观心态进一步举证,而是由被告针对原告的主张提出抗辩。如果被告主张其没有过错而不承担侵权民事责任,则应当提供必要的证据加以证明。①

举证责任转换一般表现为以下两种情况。

1. 举证责任倒置

除了"谁主张,谁举证"的基本原则外,我国在《消费者权益保护法》等多部法律中提及,对于原告主张的事实,被告否认的,由被告负举证责任,即举证责任倒置。

举证责任倒置使得被告在诉讼中承担的民事义务及诉讼风险增大,因此对于举证责任倒置的适用应当设定严格的条件限制。首先,对该原则的适用范围应当进行严格限制,必须只能在法律法规明确规定的特殊类型案件中适用。如果法律法规没有明文规定,法官不能任意扩大该制度的适用范围。其次,对该原则的内容应当进行严格掌握。一般来说,当事人仅需要对自己没有过错或原告有过错承担证明责任。如果另一方当事人提出新的主张,并按照法律规定应当承担举证责任,则新的主张不能当然适用举证责任倒置。

司法实践中,软件著作权的侵权认定一般采用"实质性相似 + 接触"原则,即只要有证据能证明原告软件和被告软件是相同的或构成实质性相似,并且被告接触了或有可能接触了原告的软件,就认为存在侵权行为。一般而言,被告接触了原告软件的程序和文档比较容易作出认定,只要能证明有接触的可能性就

① 参见李国光主编:《知识产权诉讼》,人民法院出版社 1999 年版。

可以。但证明双方软件实质性相似却是一个难点。

如果原、被告双方都能提供其软件的源程序，通过对比分析，就能直接证明双方软件是否相同或构成实质性相似。如果被告无正当理由拒绝提供其软件源代码，法院也可以根据其他证据间接证明双方软件是否相同或构成实质性相似。这些间接的证据包括：双方软件的目标程序相同或实质性相似；双方软件的运行界面相同；双方软件的文档相同或实质性相似；双方软件存在多处相同的缺陷；其他结合具体案件分析的情形。

事实上，2019 年《最高人民法院关于民事诉讼证据的若干规定》第 95 条规定："一方当事人控制证据无正当理由拒不提交，对待证事实负有举证责任的当事人主张该证据的内容不利于控制人的，人民法院可以认定该主张成立。"因此，在无源代码进行直接比对的情况下，对间接证据进行比对得出的结论实际上是一种推论。此时，举证责任转移到了被告处，如果被告没有反驳的证据，则推论成立。总之，在软件著作权侵权诉讼中，被告即使不提交源代码也可以被认定为侵权。

我国 1984 年《专利法》（已废止）第 60 条第 2 款明确规定了知识产权领域适用举证责任倒置原则的情形。该条规定，侵权纠纷发生时，对发明专利产品制造方法，制造同样产品的单位或者个人应当提供其产品的制造方法的证明。1992 年《最高人民法院关于适用〈中华人民共和国民事诉讼法〉若干问题的意见》（已废止）在第 74 条也作了相应的规定。2020 年《专利法》修订后，将这一条改为："专利侵权纠纷涉及新产品制造方法的发明专利的，制造同样产品的单位或者个人应当提供其产品制造方法不同于专利方法的证明。"[①]也就是说，修订后法律规定只有"新产品"的制造方法发明专利被侵权时，才能适用举证责任倒置原则。

另外，我国《反不正当竞争法》第 32 条规定也提及了举证责任倒置原则，即商业秘密权利人能初步证明其商业秘密被侵犯的，涉嫌侵权人有义务证明其不

① 《专利法》（2020）第 66 条第 1 款。

存在侵犯商业秘密的行为。

2. 无须举证

虽然法律规定当事人应当对自己的主张承担举证责任,但对于已经被证明或被确认的事实,当事人无须再举证。根据2015年《最高人民法院关于适用〈中华人民共和国民事诉讼法〉的解释》第93条的规定,当事人无须举证的情况有:

(1)众所周知的事实、自然规律及定理、定律;

(2)根据法律规定或已知事实,能推定出的另一事实;

(3)已为人民法院或仲裁机构发生法律效力的裁判所确定的事实;

(4)已为有效公证文书所证明的事实。

在适用上述规定时,如果当事人一方持有异议,并能提供相应证据对其主张提供支持,受诉人民法院应当进行重新审查,不宜简单、机械地免除当事人的举证责任。

五、司法管辖权问题

司法管辖权又称为"审判权",是指法院等司法机构对诉讼进行裁决和判决的权力。在使用网站或注册平台会员时,如果同意网站或平台的使用条款,且其中指定了司法管辖权的归属,则代表合同双方同意只承认指定的司法机构作出的判决。

在目前的实践中,托管平台、基金会、开源许可证均存在约定管辖权的问题。

以托管平台为例:GitHub、SourceForge和Google Code三个代码托管平台均明确声明司法管辖权在加利福尼亚州。这就意味着,司法管辖权均归属美国加利福尼亚州法院,若我国软件使用方引入了GitHub、SourceForge和Google Code这三个代码托管平台的开源软件,则所有围绕使用条款展开的纠纷,都将以美国加利福尼亚州法院的判决为准,我国软件使用方将处于劣势地位。

以开源基金会为例:Mozilla基金会和LF分布式存储项目Ceph明确指定司

法管辖权归属美国加利福尼亚州，RISC-V 基金会的会员条款中也指明了其司法管辖权在美国特拉华州。

以开源许可证为例：EPL－1.0 规定，此许可证受纽约州法律和美国知识产权法律管辖，且在任何由此产生的诉讼中，各方均放弃陪审团审判的权利；MPL－1.1 也在协议中明确表明受加利福尼亚州法律管辖，因此不利于其在海外的开源。

六、法律适用问题

我国暂无开源软件的相关立法，根据司法实践的判定，引入开源软件实质上是构建了一份著作权授权协议，开源许可证作为该协议的具体条款可以作为开源软件涉诉时的约定性审判依据。

如果开源软件许可证条款与各国现行法律体系之间存在冲突，开源软件在涉诉时就会产生法律适用的难题。

（一）引入开源软件在不同国家的法律适用风险

不同开源软件在不同国家的法律适用风险各不相同。现以 CDDL、EPL－1.0、CPL－1.0 与 MPL－1.1 四个开源许可证为例，阐述其与不同国家法律适用之间的冲突与联系。

1. CDDL 与欧洲版权法的冲突

CDDL 有 1.0 和 1.1 两个版本，二者的区别在于 CDDL－1.1 对 CDDL－1.0 作了一些更正，用于防止 CDDL－1.0 与欧洲版权法相抵触，并允许独立开发者在其工作中使用 CDDL－1.0。二者目前是并存状态，除非初始开发人员禁止适用更新后的版本，否则软件使用方可以自由选择是否适用更新后的版本。

2. EPL－1.0 被美国法律所限制

EPL－1.0 主要问题在于其受到美国法的制约，在许可协议中规定："本协议受纽约州法律和美利坚合众国知识产权法院管辖。本协议的任何一方均不得在诉因产生一年后根据本协议提起法律诉讼。在任何由此产生的诉讼中，各方均放弃陪审团审判的权利。”①

3. MPL－1.1 与美国法律的联系

MPL－1.1 在协议中明确指明受加利福尼亚州法律管辖：本许可应受加利福尼亚州法律的管辖（除非适用法律另有规定），但不包括其法律冲突规定。对于至少一方是美国公民，或特许或注册在美国开展业务的实体的争议，与本许可证有关的任何诉讼均应受加利福尼亚州北区联邦地区法院的管辖，审判地点位于加利福尼亚州圣克拉拉县。任何规定合同语言应解释为不利于起草者的法律或法规均不适用于本许可证。② MPL－1.1 明确排除了《联合国国际货物销售合同公约》的适用，因此不利于 MPL 在海外的开源。

（二）引入开源软件的合规建议

1. 优先适用 CDDL－1.1

CDDL－1.0 和 CDDL－1.1 目前是并存状态，除非初始开发人员明确声明需要使用的版本，否则软件使用方可以自由选择。从合规角度来看，为便于业务开展，使用方应优先适用新版本的 CDDL－1.1。若已适用 CDDL－1.0，要注意明确在 CDDL－1.0 中是否存在初始开发人员的禁止适用后续版本的声明。如果没有禁止声明，则使用方有权将 CDDL－1.0 更新为 CDDL－1.1。

2. 优先适用 EPL－1.0

由于管理机构更改的原因，CPL－1.0 被修改为 EPL－1.0。但由于 CPL－1.0 已经得到 OSI 及 FSF 的认可，所以它也没有被撤销，原来使用 CPL－1.0 的行为依然是有效的。CPL－1.0 明确贡献者可以自由选择是否按照发布的新版许可证进行分发。为避免管辖权上的纠纷，使用方应优先适用 EPL－1.0。

对于使用方而言，更新 CPL 版本时，首先需要确定软件的来源。如果软件是通过采购方式引入的外部软件，那么使用方实际上是使用人、接收者的身份而

---

① 《Eclipse 公共许可证 1.0（EPL－1.0）》，载 Open Source Initiative 2004 年 3 月 8 日，https://opensource.org/licenses/EPL－1.0。

② 参见《Mozilla 公共许可证 1.1（MPL－1.1）》，载 Open Source Initiative，https://opensource.org/licenses/MPL－1.1。

非贡献者,不能直接更新许可证,需要找到对应的直接贡献者由其进行版本更新。如果软件是委托开发或服务支持的方式,使用方实际上兼具贡献者和使用者的身份,可以自主更新许可证版本。

3. 优先适用 EPL -2.0

目前 EPL -1.0 和 EPL -2.0 也是并存的。Eclipse 基金会更新 EPL -2.0 版本的原因在于希望其兼容 GPL 及更早期的许可证,促使其在美国以外的地方使用。为了避免跨国纠纷的出现,软件使用方可优先适用 EPL 2.0。

但是需要注意,只有贡献者可以选择 EPL 的分发版本。EPL 的贡献者是指分发程序的任何个人或实体,贡献者包括初始贡献者(根据 EPL 协议分发初始代码和文档的个人或实体)和后续贡献者(包括对程序的修改和对计划的补充)。

对于软件使用方而言,更新 EPL 版本,需要确定软件的来源。如果是通过采购方式引入的外部软件,那么使用方实际上是使用人、接收者的身份而非贡献者,不能直接更新许可证,需要找到对应的直接贡献者由其进行版本更新。如果软件是委托开发或服务支持的方式,使用方实际上兼具贡献者和使用者的身份,可以自主更新许可证版本。

4. 优先适用 MPL -2.0

MPL -2.0 删去了 MPL -1.1 版本中的法律适用,要求遵循 MPL -2.0 的开源代码,以及其修改必须按照 MPL -2.0 的规定开源,增添的新文件以及组合后的新作品可以使用其他无法与 MPL -2.0 兼容的许可证(仅限于 GPL -2.0、LGPL -2.1、AGPL -3.0 或者更高版本)。

因为软件使用方可以自由选择使用哪个版本的 MPL,为避免可能出现的海外纠纷,使用方可优先适用 MPL -2.0 版本。

七、常见责任类型

法律关系中,责任与行为性质相对应。在开源软件相关诉讼中,侵犯权利人知识产权(主要涉及著作权、专利权等)的纠纷是最主要的纠纷类型。此外,国内外部分法院也将开源许可证协议认定为合同,适用合同纠纷相关法律规定,因此权利人也可以寻求合同救济。所以,开源许可证相关诉讼纠纷中,常见的责任类型包括停止侵权、赔偿损失、违约责任等。

停止侵权,是指若某开源软件中未经授权使用了他人享有专利权的技术方案,那么使用方对该开源软件进行使用、再分发将可能构成专利侵权。此时,使用方应当停止对该开源软件的使用,停止对专利权人的侵权状态。

赔偿损失,是指如果因行为人的侵权行为或合同违约行为给权利人造成了损失,那么行为人应当对权利人的损失进行赔偿。

违约责任,是指在将开源许可证协议认定为合同的情形下,未遵守开源许可证的相关规定将构成合同违约,需承担相应的违约责任。例如,若合同约定了违约金条款,则权利人可以主张违约方赔偿违约金。

八、行为保全常见类型

根据我国《民事诉讼法》第 103 条①、《著作权法》第 56 条②与《专利法》第 72 条③的规定,如一方当事人或利害关系人申请且有证据证明他人正在实施或者即将实施侵犯其权利、妨碍其实现权利的行为,如不及时制止将会使其合法权益受到难以弥补的损害的,可以在起诉前依法向人民法院申请采取财产保全、责令作出一定行为或者禁止作出一定行为等措施。因此,在涉开源许可证相关诉讼

---

① 《民事诉讼法》第 103 条第 1 款规定:"人民法院对于可能因当事人一方的行为或者其他原因,使判决难以执行或者造成当事人其他损害的案件,根据对方当事人的申请,可以裁定对其财产进行保全、责令其作出一定行为或者禁止其作出一定行为;当事人没有提出申请的,人民法院在必要时也可以裁定采取保全措施。"

② 《著作权法》第 56 条规定:"著作权人或者与著作权有关的权利人有证据证明他人正在实施或者即将实施侵犯其权利、妨碍其实现权利的行为,如不及时制止将会使其合法权益受到难以弥补的损害的,可以在起诉前依法向人民法院申请采取财产保全、责令作出一定行为或者禁止作出一定行为等措施。"

③ 《专利法》第 72 条规定:"专利权人或者利害关系人有证据证明他人正在实施或者即将实施侵犯专利权、妨碍其实现权利的行为,如不及时制止将会使其合法权益受到难以弥补的损害的,可以在起诉前依法向人民法院申请采取财产保全、责令作出一定行为或者禁止作出一定行为的措施。"

中，起诉方（一般为权利人）可以在起诉前依法向人民法院申请采取下架侵权软件、停止使用侵权软件等保全行为。

九、主流司法裁判观点

1. 许可证性质认定观点

目前各国法律或法院，对于开源软件使用方在违反开源许可证义务或要求的情况下是否构成合同违约，仍未达成一致的见解。例如，在美国，有的法院认为软件许可证是合同，也有一些法院认为软件许可证属于许可。不过，包括中国在内的大陆法系国家，普遍认为开源许可证具有合同性质，只不过这种合同并非协商得到，而是事先规定好的标准化格式合同。我国司法实践已经明确，开源许可证是受我国《民法典》调整的合同，违反开源许可证即构成合同违约。

2. 开源义务认定观点

开源许可证下的用户义务大体包括两类：

一是声明义务。当用户再发行基于开源软件的修改版或衍生版时，需要标注著作权权属状态、所选用的许可证、已作出修改的文档，以及无担保声明和免责声明。

二是提供源代码的义务。用户需要提供其修改后的源代码或衍生作品的源代码。该项义务的内容取决于具体许可证类型，强传染性许可证（如 GPL）要求用户提供衍生作品的源代码，与源代码有关联的衍生部分需要整体公开；宽松型许可证（如 BSD－3.0）一般只要求用户保留版权声明和免责声明，不要求用户提供修改或衍生部分的代码。

3. 赔偿标准认定观点

如果使用方使用了开源软件，但并没有履行开源软件许可证规定的义务，则需要承担侵权赔偿责任。法院在判断侵权赔偿数额时考虑的因素不仅包括涉案开源软件在整个侵权软件中所起的作用、侵权软件的收益、被告的侵权行为性质、侵权时间等一般软件侵权需要考虑的因素，还有与开源软件相关的特定情形，如原告自身履行开源许可证义务的情况、与开源软件平行的商业版本对外授权许可的情况、被告拒不履行开源协议的情况等因素。

十、诉讼应对措施

1. 权利方权属调查清单

权属调查，是指对软件权利的权属来源、权属性质等基本情况的实地调查与核实。在开源软件涉诉时，权属调查一般是必经环节，因为对开源软件拥有相应权利是主张利益的前提。当事人可以对开源项目进行尽职调查，对权利方的开源合规制度、所使用的开源软件组件、开源许可证等进行充分评估。例如，在罗盒公司与风灵公司软件著作权纠纷案中，被告以涉案代码的权属不清，不能证明原告为适格主体为由进行抗辩。

2. 被控侵权/违约谈判策略

首先，可以对以下事实进行专业评估：一是将被控侵权产品与被侵权的产品进行对比分析，评估是否构成侵权；二是涉案权利（著作权、专利权等）的有效性；三是侵权诉讼胜诉的可能性；四是直接诉讼成本，如法律服务费用；五是间接诉讼成本，如公司可能进行的诉讼及可能损失的订单、市场等。其次，可以视情况与权利人接触，了解对方的意图、底线等。最后，可以评估、统计己方的资源，如能够给对方造成压力的手段（如专利、市场行为）、己方商誉的承受力、能够联合的盟友等。

3. 与权利方协商沟通注意事项

在与软件权利方进行沟通前，被控侵权/违约方应该详细了解案情，了解案涉开源软件所适用的许可证类型、是否具有传染性条款，以及是否遵循许可证协议等基本情况。

4. 取证要点及流程

目前，开源软件相关诉讼的案由大多为侵害计算机软件著作权纠纷。软件具有特殊性，版本一直在不断更新中。在取证时，需要注重对取证时间节点的把握，对涉案软件的版本应准确把握、精准取证，避免做无用功。

根据实务经验，诉讼取证的途径主要包括当事人自行取证、委托律师取证和法院依职权取证三种。诉讼证据的收集方法主要有向第三人及第三方机构等取证、现场勘察取证和电子数据公证保全等。例如，在与开源软件相关的诉讼中，由于大量事实需在软件中进行实际操作或需要进入 GitHub 等网站才能了解，因此可以通过电子证据公证的方式达到取证目的。

5. 法庭答辩要点

被诉方在答辩时可参考以下答辩要点（个案中应具体分析）：

（1）明确涉案软件的权属问题，即判定对方是否享有涉案软件的合法权利，进而从对方是否为案件适格主体方面进行答辩。

（2）认真研读并理解涉案软件所使用的开源许可证协议，仔细比对己方行为、对方行为是否符合开源许可证的要求。尤其要注意，具有强传染性的开源许可证协议，判断更改开源许可证的行为是否符合初始许可证的要求。

（3）围绕案件诉讼请求，从请求权基础出发，结合类案分析案件方向或漏洞。

（4）也可以考虑以软件开源作为抗辩或以开源协议的例外条款进行应对。从维护开源精神出发，审查对方行为是否与“自由、开放、共享”的开源精神相违背、己方的行为是否是对开源精神的遵守与传递，并以此作为答辩要点。

第二节　不同情形下的开源诉讼要点及对策分析

一、自研引入开源软件

所谓自研引入开源软件，实际就是指软件使用方在不涉及外部第三方软件的采购或者委托开发或者服务支持的独立开发背景下，自己将开源软件引入开发成果中。

自研引入开源软件的风险主要在于开源许可证本身。因不涉及外部第三方软件的采购、委托开发、服务支持，发生诉讼时无法向第三方追责，只能自己承担后果，故要对此格外重视。

(一)引入存在安全问题的开源软件

引入存在安全问题的开源软件可能有以下情形：(1)开源代码中新的安全漏洞不断被发现，但很多项目却缺乏查找并修复漏洞的响应机制。(2)开源项目的安全记录方式也没有明确的标准可以遵循，如 GitHub 上排名前 40 万的公共代码库中，仅 2.4% 的项目有安全文档。(3)另外，相当部分的开源协议本身有无担保的声明。换言之，对于这些开源协议，原始编写者对于里面以及在传播过程中新加入的内容而存在的产品瑕疵，不承担担保责任。一旦因不良代码造成质量事故，作为引入这些问题开源软件的主体，软件使用方只能自己承担风险后果。

对于软件使用方而言，如果技术人员在自研软件过程中引入了存在安全问题的开源软件，会严重影响业务开展。这种影响的范围不局限在软件使用方内部，甚至会对上下游公司，乃至整个行业产生不良影响，进而影响到国家安全。

引入了存在安全问题的开源软件后，软件使用方应该采取合理应对措施：一方面，及时停止使用存在安全问题的软件；另一方面，开发代码相关的工具，如发现风险、CVE 漏洞等安全扫描工具，加强对在用软件的监测。使用工具扫描梳理出在用的高危软件列表后，制作禁止使用的高危软件名单。

(二)引入开源软件时违反开源许可证义务

目前在中国的法律实践中，涉及开源许可证的法律纠纷多为侵犯计算机软件著作权纠纷。因此软件使用方应重点关注开源许可证中的著作权条款，同时积极履行许可证规定的其他义务。

开源软件不等同于免费软件或公有软件。开源软件不允许任意地发布、演绎，不能对演绎后的新软件任意主张私有化的专有权利等。大多数开源软件都附有开源许可证，如果要使用这些开源软件，应当遵守其许可证的要求。在引入开源软件时没有遵守其许可证要求的各项义务，就是违规使用开源软件，会造成许可证合规性风险。开源许可证违规造成的影响可大可小，严重时会引发法律诉讼，导致产品被召回、被迫开源自有知识产权代码等。这些事件甚至还可能进一步对公司的声誉、市场准入等造成长期负面影响。

例如，在自研过程中引入了涉 GPL 的开源软件，必须对基于原软件基础上演绎开发的新软件采用相同内容的 GPL，保证这一增加了新内容的软件可以被下一级用户接触到全部源代码（包括新增的源代码）以及可以再行使用、修改、演绎。涉 GPL 的软件具有“多米诺骨牌”的传递性特征，后续软件开发也必须遵循 GPL 协议规定，否则将面临法律风险。

（三）引入无许可证的开源软件

在自研引入开源软件时，如果没有扫描确认开源软件所涉及的全部代码和许可证，极有可能引入到没有许可证的开源软件。软件使用方在开发软件时存在三种可能引入无许可证开源软件的情形，对应的风险情况分析如下：

1. 开源软件创建时没有分配许可证

未经许可的开源组件被引入代码库最直接的方式，就是版权所有者在创建开源组件的时候没有为其分配或选择许可证。一个常见的误区是，没有许可证意味着软件可以被毫无限制地使用。但是，依据版权法，没有创作者的明确许可，任何人都没有权利对其作品进行使用、复制、散布和修改。也就是说，这部分开源组件一旦被使用，就要面临知识产权诉讼的风险。

2. 开源组件被修改后丢失许可信息

在软件开发过程中，技术开发人员经常会对某些开源组件进行修改，使其能够达成项目所需要的功能。然而，在修改这些组件时，由于疏忽或者其他原因，开发者很有可能会改变或者移除组件的头部文件及许可信息，造成许可证丢失。一旦缺失许可证，软件使用方就无法清晰准确地认识软件的权利范围，不知道许可证是否提供了明确的专利授予、分发软件时是否需要开源等。但即使是在不知情的情况下违反了相关许可证协议，软件使用方也要承担相应法律责任。

因此，在引入外部开源软件时，首先要进行自查。同时，开源软件引进之后还会伴随着不断地更新，所以软件使用方需要定期对代码进行安全扫描。由于有些开源软件在引进之后也会更改，所以每一个第三方软件代码被引进之后，建议由明确的负责人负责维护，并建立相应的维护团队和机制。

3. 使用无许可信息的开源片段代码

开发人员编写代码遇到问题时，往往倾向于互联网搜索。因此，开发人员有时会从 CSDN、Stack Overflow 这样的论坛或网站中摘取部分代码，用于实现某些特定的功能。但是，从互联网中获取的片段代码通常并不伴随适用的许可条款，使用无许可的片段代码可能面临合规风险。

为了应对以上风险，软件使用方需要建立开源合规治理机制，对开发人员进行开源合规培训，如在组织内部提供开源相关课程，邀请专业人士讲解开源相关法律法规等。

二、第三方引入开源软件

所谓第三方引入的方式，是指软件使用方通过对外采购、委托开发、技术服务的形式，获得第三方开发的引入了开源软件的新软件的使用权或者所有权的方式。第三方引入所涉及的安全风险与许可证风险和自研引入的安全风险与许可证风险，大致上是一致的，独特风险就在于其软件使用方与第三方签订的合同中关于双方权利义务的约定。

由于目前合同约定的使用权或者知识产权条款基本仅针对软件本身，而没有关于开源组件使用的约定，因此合同条款与开源许可证的条款之间可能存在冲突。所以，从第三方引入的开源软件，除存在与自研引入相同的风险外，软件使用方与第三方签订的合同本身亦存在制约和风险。

（一）通过采购合同引入的第三方软件

如果软件使用方与卖方公司签订的采购合同约定，有且只有软件使用方可以非独占（卖方可以将相关软件卖给其他客户）使用，则软件使用方只能获取采购软件的非独占和不受限制的使用权（包括使用、复制、展示、修改、翻译、注释等权利）。对于软件中引入的第三方开源软件，原则意义上只有软件使用方可以使用，软件使用方的关联方无权使用。另外，如果采购合同中未明确软件二次开发权利，即便是经过修改，关联方也无权使用。如果软件使用方忽视这一点，则很可能引发与第三方的合同纠纷。

因此，在采购合同中应尽量增加给予关联方同等使用权的条款，或者明确约定二次开发的权利及二次开发后可以给关联方使用。

1. 非独占的软件许可使用权

软件使用方享有的是非独占的软件许可使用权，卖方实际上仍然可以将相关软件卖给其他客户。对于软件使用方而言，如果是非核心的软件，那这种只授予使用权的许可是可行的；但如果是核心功能且能提升产品竞争力的软件，需要慎重考虑是否有买断这个软件的必要性。

2. 有且只有软件使用方可以非独占使用采购软件

对于引入的第三方开源软件，原则上只有软件使用方自身可以使用，其关联方不享有采购软件的使用权。

3. 未明确二次开发权利的软件，即便是经过修改，关联方也无权使用

如果合同没有明确约定软件使用方可以进行二次开发，即使软件使用方作出了修改也只有其自身可以使用，而其他关联方不能使用。因此建议在此类软件的采购合同中明确约定二次开发的权利及二次开发后关联方可以使用。

（二）通过委托开发合同引入的第三方软件

1. 没有约定开源软件许可权的委托开发合同可能导致侵权风险

实践中，很多委托开发合同没有对受托方在软件开发过程中引入的开源软件的许可权作出明确约定。如果该开源软件不是由开发人员自己开发，而是在未获得权利人许可的情况下引入的或者该软件没有许可证，那么委托方实际上会陷入无权使用的侵权风险。

针对这一点，建议参照以下条款对委托开发合同进行完善："受托方所引入的软件，必须是其自行研究开发的，或者合法取得相应使用许可权的软件。如果是受托方自行研制的，就授予软件使用方或者软件使用方许可的其他主体商业性的利用权（包括拥有分许可的许可权）。如果是引入的具有其他权利人的开

源软件，就必须合法取得相应使用许可权。如果是受托方的原因导致软件使用方出现开源软件知识产权侵权的，则受托方必须采取补救措施以保证软件使用方有权使用。”

2. 软件使用方二次开发开源软件可能导致侵权风险

对于第三方引入的开源软件，第三方一般只授予软件使用方使用权，而不包括修改和二次开发等权利。也就是说，软件使用方通过委托开发引入的第三方软件所涉及的开源软件，原则上只可以单独地、不作任何修改地使用。

即便是软件使用方对于合同涉及软件整体拥有著作权等知识产权，可以二次开发，这种权利也不能延续到第三方引入的开源软件上。如果未经授权对开源软件进行了二次开发，则可能引发侵权风险。

（三）通过技术服务合同引入的第三方软件

对于通过技术开发合同引入的软件，软件使用方一般都享有完全不受限的自主权，可以自由分发、进行持续不受干扰地使用，甚至对此类软件进行再开发。再开发成果的知识产权和其他权益也归软件使用方所有。

这类技术服务合同需要确定开发方享有完全知识产权，或者已取得合法许可使用权。只有这样，软件使用方才可以行使和开发方一样的许可使用权，将软件再分发给不同主体使用。

三、授予关联方使用权的法律分析

（一）自研软件授予关联方使用权

很多许可证（如 Apache－2.0、CDDL、MPL）直接明确了被许可人包括使用软件的实体与控制该实体、受其控制或与该实体受到共同控制的所有其他实体的联合体。基于此，可以理解为软件使用方与其关联方自研或者采购后自己使用以及彼此之间互相使用的情况下都属于“自用”。

（二）通过采购合同引入的第三方软件授予关联方使用权

合同一般只授予了合同主体软件使用权，没有明确约定可以扩展到其他关联方，在这种情况下，其他关联方不可以自行使用软件使用方采购的第三方软件。

如果合同明确约定可以进行二次开发且二次开发所有权利归属于软件使用方，软件使用方进行二次修改后可以给关联方使用，但是修改内容如涉及开源软件，则需要遵循相应的开源许可证的要求。

（三）通过委托开发合同引入的第三方软件授予关联方使用权

就委托开发引入的第三方软件而言，虽然软件使用方拥有开发软件的所有权利，但其中涉及的开源软件，要受到合同授权许可范围的限制。如果没有明确授权许可开源软件，软件使用方应当遵循相应的许可证要求。这种情况下可以对外分发，即关联方在同样遵循许可证义务的情况下可以使用软件使用方通过委托开发软件引入的第三方软件，构成"对外分发"的使用场景。

如果合同明确有且只有软件使用方享有非独占的限制使用开源软件，则软件使用方不可对此类开源软件行使修改和二次开发等权利。只有软件使用方这一主体可以使用此类开源软件，而关联方不能使用。在二次开发软件整体时，如果需要分发给关联方使用，可以考虑对此类限制性开源软件作技术替换。

（四）通过技术服务合同引入的第三方软件授予关联方使用权

就技术服务合同引入的第三方软件而言，软件使用方拥有完全意义上的自主权。合同中涉及的开源软件，由于软件使用方与关联方构成"对外分发"的使用场景，关联方在使用由软件使用方签订技术服务合同引入的第三方软件时，仍然需要遵循相应的开源许可证要求。

四、在关联方外进行商业性使用

就涉及开源软件的第三方软件在关联方外商业性使用而言，其风险包括两个方面：(1)合同条款是否约定公司有权给予关联方以外的主体进行商业性使用；(2)开源许可证中是否有限制软件使用方给予该组件所在软件进行商业性使用的条款。

(一)自研软件在关联方以外进行商业性使用

软件使用方的自研软件在关联方以外的商业性使用,就是最明显的“对外分发”场景,也需要遵循相应的开源许可证要求,避免被权利人主张侵权索赔。但存在以下三种除外情形:(1)通过合同或其他方式直接或间接导致对该实体进行指导或管理的权力;(2)50%的所有权或更多已发行股份;(3)该实体的实益拥有权,这三种场景的范围大于关联公司的范围。

软件使用方将开源软件在关联方外进行商业性提供,需要审查评估项目与传染性许可证之间的关系,即判断二者是否相互独立。如果构成独立的关系,就免于被“传染”,不用对软件整体进行开源。如果不是独立关系,为了避免履行开源等义务,需要采用相应的技术措施来避免许可证被传染。

(二)第三方软件在关联方以外进行商业性使用

第三方软件在关联方以外使用时涉及的风险包括两个方面:(1)合同条款是否约定软件使用方有权给予关联方以外的主体进行商业性使用,如果超出合同约定范围则可能引发合同纠纷;(2)开源许可证中是否有软件使用方给予该组件所在软件进行商业性使用的条款,如违反开源许可证要求则可能涉及侵权。

第三节 开源软件风险解决措施

一、引入开源软件需谨慎

拥抱开源已经成为当今时代的主流。为了安全引入外部开源,同时兼顾企业效率,需要明确开源软件引入标准,作为防范开源风险的举措。建议通过鼓励或禁止的标准来规范、高效、合规使用开源软件,包括但不限于:(1)鼓励使用开源软件,尤其是各语言委员会推荐的开源软件;(2)鼓励使用各种语言的标准包管理方式来使用开源软件；(3)禁止使用安全机构指定的高危开源软件；(4)禁止直接复制开源代码到业务代码库中，以规范企业对技术人员使用开源代码的监督机制，便于及时修复相关问题。

二、建立开源软件管理规范

1. 建立开源软件管理规范体制

引入外部开源软件时，首先进行自查。软件使用方应当制定自查指南，说明需要自查的内容，比较重要的两点包括：该开源代码是否在安全黑名单中；软件的许可证是否符合要求、是否有风险。对于引入方式，目前有包管理和统一源码管理两种方式。使用方的源代码可以统一托管在内部代码托管平台上；对于第三方源代码，可以将其放在"third-party"目录下统一进行管理。当相关部门梳理发现开源软件存在较大风险时，应当上报主管部门，由责任部门配合技术部及时整改、删除。

同时，引进的开源软件还会不断更新，所以使用方需要定期对代码作安全扫描。由于有些开源软件在引入之后也会更改，所以每一个第三方软件代码被引入之后，应当由明确的负责人维护，并建立相应的维护团队和机制。

2. 开发相应代码相关工具

首先，发现风险、CVE 漏洞等安全扫描工具在开源合规治理中是必需的。使用方只有明确系统内含有多少代码和外部开源软件，才能对系统风险有准确认识。其次，相应的代码搜索工具也是必需的，主要可以解决两个问题：一是重复代码检测，包括代码是否重复引用，代码是否被直接应用到业务中去；二是代码引用问题，通过搜索工具知道"third-party"下面的代码到底有哪些业务在使用，有问题时可及时通知并跟踪解决。最后，可以搭建如 mvn、npm 等包管理平台。

3. 持续进行开源合规知识培训

规范和工具只能解决大部分问题，大家是否真正了解开源软件的风险，是否知道如何正确使用开源软件才是最重要的事。对此，软件使用方可以采取以下措施：在产研相关的新员工入职培训中专门设置章节，讲解平台化和开源的内容；内部提供开源相关在线课程，如有关开源规范的讲解、律师整理的开源相关的法律规范及介绍等。通过学习这些原则和规范，既能较好地利用开源的价值，也能更好地防范风险。

第四节　开源软件合规要点分析

一、应用开源软件合规要点

（一）确定具体的许可证文本

使用开源软件必须确定其采用的许可证的种类和版本。只有附有开源许可证的开源软件才是权利人授权许可使用的软件。没有开源许可证的软件，即使是在开源社区上公开的，也并不意味着权利人对此开放使用权限。一般而言，软件分发者会明示开源许可证类型和版本；如果没有，则通常可以在软件源代码的声明文件（License/Copying/Copyright 等）中找到相关提示，或者软件源代码直接提供了开源许可证的单独文件。

许可证的版本在确认开源义务时发挥非常重要的作用，因为不同版本许可证规定的权利和义务并不完全相同。开源许可证的版本之间有版权变更与协议迭代两种关系，前者各版本之间是独立、共存、有效的关系，后者各版本之间是更新替代的关系，但是对于在替代前已发布的开源软件仍然遵循原始权利人的选择，其采用的原许可证仍然有效。

（二）审查是否履行全部许可证义务

根据许可证的具体类型和版本的不同，相应的权利义务也不尽相同。开源许可证常见的义务性条款包括：要求引用后再发布时必须提供源代码，要求修改后再发布时必须提供源代码，不允许修改后使用不同的开源许可证再发布，要求修改后必须附加修改说明文档、保留版权、许可声明，不允许使用原始软件名、作者名或者机构名进行市场推广，注意专利权报复条款、保留免责条款等。

对于引用后再发布的要求，部分开源许可证，如 CPL-1.0 都只要求公布引用部分的源代码，不涉及其他独立文件。例如，EPL-2.0 明确，如果只是链接或调用关系的相对独立的作品，不是贡献，不用提供源码。对于涉及传染性的开源许可证，如 GPL-2.0，需要对引用开发出的新软件整体开源。

对于修改后再发布的要求，部分开源许可证，如 CPL-1.0 只要求公布修改部分的源代码，不涉及其他独立文件。部分开源许可证要求修改后再发布时必须提供整体源代码，如 MPL-1.1。部分开源许可证则明确，如果只是链接或调用关系的相对独立的作品，不是贡献，不用提供源代码，如 EPL-2.0。

除了独立的模块不需要开源，可以采用不同许可证以外，部分开源许可证要求其他修改都必须遵循同样的许可证发布。例如，EPL/CPL-1.0 只要求原 EPL/CPL-1.0 部分以及构成衍生作品的，仍需要遵循 EPL/CPL-1.0。部分许可证不允许修改后使用不同的开源许可证再发布。例如，EPL-2.0 仅允许修改后通过使用第二许可证指向 GPL-2.0、LGPL-2.1、AGPL-3.0 或者更高版本。除了采用共享库的机制将 LGPL 库与自有代码进行链接，且保证用户可以在接口兼容的前提下修改链接的库，可以不遵循 LGPL-2.1 外，其他修改后发布的原采用 LGPL-2.1 的作品都必须遵循原许可证。部分许可证仅要求遵循原许可证的开源代码及其修改必须按照原许可证的规定开源，增添的新文件以及组合后的新作品可以使用其他无法与初始许可证兼容的许可证。

部分开源许可证，如 Apache-2.0、MPL-1.1 都要求修改后必须附加修改说明文档。

使用方使用的许可证通常都明确要求必须保留版权声明，明确源代码的版权归属。部分开源许可证，如 Apache-1.0、Apache-2.0 都明确了未经书面许可，不得使用原始软件名、作者名或者机构名来背书或宣传从开源软件衍生的产品。

在部分授予专利许可的开源许可证中，如 CPL-1.0、MPL-1.1，都有明确或隐性的专利权报复条款，主要是为了防止有人恶意提起法律诉讼。如果开源软件的使用者对任何第三方提出专利侵权的主张或诉讼，主张这个开源软件侵害其所拥有的专利权，此时该开源软件的作者或权利人对于这位使用者的相关专利授权将会反制性地被终止。

（三）重点关注 GPL 类许可证的“传染性”

使用方将开源软件在关联公司外进行商业性提供，需要审查评估项目与 GPL/LGPL 等传染性许可证之间的关系，即判断二者是否相互独立。如果构成独立的关系，就免于被“传染”，不用对软件整体进行开源。如果不是独立关系，为了避免履行开源等义务，需要采用相应的技术措施来避免这种“传染性”。

一方面，可以技术性隔离 GPL 开源软件的地址空间。GPL 不会“传染”，其仅仅与 GPL 开源软件聚合在一起，本质上不属于 GPL 开源软件的衍生，也不是与 GPL 开源软件结合成一个更大的程序的独立程序。也就是说，在不将 GPL 开源软件和商业软件产品存放于共享地址空间的情况下，通过管道、套接和命令行参数等方式达成独立程序之间的通信或调用，以此实现商业软件产品与 GPL 开源软件的隔离，可以避免商业软件产品被 GPL 协议传染，被迫开放源代码。另外，FSF 认为动态链接的方式仍然是在将 GPL 开源软件与其他作品组合成衍生作品，不能避免 GPL 的传染性。这一点与目前主流商业软件公司的观点存在冲突，也还未在法庭上得到验证。使用方在实际使用时还是需要注意规避动态链接的方式。①

另一方面，可通过扩展性的动态链接方式调用 LGPL 开源软件。根据 LGPL 的授权条款，始终以动态链接的形式链接 LGPL 库，且保证为产品提供扩展接口及程序上载接口，以便用户或者其他人能够对该产品进行扩展，就可以对作品整体采用其他非 LGPL 类许可证。静态链接的方式会将自有代码与 LGPL 库组合成为 LGPL 库的衍生作品，从而必须遵循整体 LGPL 许可证。同样地，如果没有提供扩展接口及程序上载接口，仅仅是私人调动的动态链接方式，其实无

---

① 参见《GPL 协议中国第一案尘埃落定，相关开源软件应如何风控?》，载博客园网 2020 年 1 月 6 日，https://www.cnblogs.com/qcloud1001/p/12155117.html。

异于静态链接的方式,都会被认定是衍生作品,要求必须遵循 LGPL。

除此之外,还可以与采用 LGPL 的该软件版权人联系。根据 LGPL 的规定,如果使用人希望将库的某些部分合并到其他自由程序中,而这些程序的分发条件与 LGPL 程序不兼容,请写信给作者请求许可。如果版权人是 FSF,他们将在维护自由软件的所有衍生品的自由状态,以及促进软件的共享和重用这两个目标下破例。[①]

二、知识产权合规要点

(一)定期扫描开源项目,确认许可证使用情况

开源许可证的问题在于许可证冲突、自定义许可证以及无许可证。使用方应当定期扫描开源项目,掌握许可证使用情况,尽量剔除无许可证的开源代码及软件,防止潜在的版权、专利权侵权问题。同时,考虑到开源许可证的授权许可范围和流通性,应当尽量采用经过 OSI 机构认证的主流许可证。目前通用的许可证都可以在 OSI 官网(https://opensource. org/)查询到。

(二)对照开源自查表,落实许可证设定义务

违反许可证设定的义务条款,将会直接导致版权侵权这一结果。使用方应当重视对开源许可证权利义务条款的理解与适用。在引入开源软件时,就应当对照自查表,结合使用方开源项目的目的,引入合适的开源软件,避免因为强制开源的要求导致商业秘密被迫公开造成相应的损失。同时,对于使用方现有的开源软件,根据开源自查表,一一对照落实协议设定义务,合规使用开源软件。

对于版权声明、许可声明、免责声明、修改声明等形式上的合规义务,使用方应当积极补充完整。对于存在强制开源要求的许可证,需要根据具体情况采取不同的应对方式。如只是要求开源属于源代码的部分,使用方完全可以

---

① 参见《GNU 宽通用公共许可证 2. 1 版》,载 Open Source Initiative 1990 年 4 月 1 日,https://opensource. org/licenses/LGPL -2. 1。

履行这一要求。但要是如 GPL－2.0 般强制整体软件全部开源，使用方需要慎重考虑，如果不能接受全部开源的要求，就可以采用技术替换、进程隔离等方式。

（三）重视对开源软件商标使用的审查

使用方在扫描确认开源软件的许可证后，需要审查是否有涉及使用机构或者创始人的商标。在我国，在与软件和软件开发相关的类别中，“开源”汉字或者“Open Source”英文都不是注册商标；在美国，“Open Source”英文也不是注册商标。这意味着无论是在我国还是在美国，“开源”或者“Open Source”都是可以自由使用的通用词汇，不存在需要获得许可的情形。另外，无论是在我国还是在美国，在与软件和软件开发相关的类别中，OSI 和/或其图形都是注册商标。这意味着一个许可证要符合 OSI 给出的有关开源的 10 个定义，只有得到 OSI 的认证后，才能使用 OSI 相关的标志，否则可能构成商标侵权。

另外，使用方还应当注意是否存在描述性使用或指示性使用商标的情形。在我国和美国，在软件和软件开发相关的类别中，MIT 是麻省理工学院的注册商标。MIT 许可证只允许使用人描述性、指示性地使用 MIT 商标。如果超出必要限度使用 MIT 三个字母，以至于暗示该软件由麻省理工学院赞助或者背书，就可能构成商标性使用从而侵犯麻省理工学院的注册商标权。

（四）建立开源社区，重视开源贡献

对于需要向公众开放的源代码，使用方需要做好开源工作。可以通过建立自己的开源社区或技术共享站点，向公众提供获取代码的开放路径，避免发生违反许可证协议行为的事件。另外，开源社区的贡献度和影响力有助于提升使用方的专业性和商誉。为公司开源贡献打造健康的环境，可以考虑为开源贡献创建政策和流程上的指南、设置专门的团队来对所有的开源贡献进行监督和批准、为员工提供开源实践的相关培训等。

三、许可证条款审核要点

(一)功能是否约定清晰

即使涉软件合同对双方的权利义务作了明确约定,但是双方对软件功能的差别性认识仍然是不可避免的。为了防范此类风险,软件使用方需要在签订的软件开发等合同中明确软件要实现的具体功能。一方面,对软件的组成部分、菜单功能等进行详细描述,可以考虑提前召开功能展示会,对容易发生纠纷的部分进行特别说明;另一方面,明确合同约定支付的费用对应的工作范围,超出此范围的需求即属于新增需求,可以另行协商付费。

软件使用方可以通过采用这种方式从正、反两方面进行约定,最大限度地将意思表达清晰,以避免后续对软件功能范围产生争议。另外,如果双方在开发过程中达成新的合意,应当通过书面方式将其固定下来成为合同的一部分。

(二)软件是否完成上线

在软件开发过程中,一般按照开发进程分阶段付费。而上线作为开发过程中的一个重要环节,对整个软件的开发具有里程碑意义。通常,如果软件成功上线,意味着软件主体功能已经完成,后面仅需对个别 bug 进行修复完善;反之,则意味着开发方未按约定完成义务。所以软件的成功上线对双方具有重要意义。

关于上线的定义,目前理论界并无统一意见,通常理解为将开发的软件部署在云服务器上,开发方进行现场演示,展示预先设定的功能,以验证是否达到预期状态。为避免使用方与对方日后在上线这一关键环节产生争议,应在软件开发合同中对上线进行明确定义。通过行业案例检索发现,实务中很少有委托方注意上线的定义,在合同中也未进行约定,部分沿用了之前的合同模板。这一点,值得使用方借鉴。为防范此类风险,使用方应结合对软件的整体把握对上线进行个别定义。

(三)软件是否完成交付

交付既包括线上交付,也包括软件源代码的交付。使用方应及时对软件开发进程进行记录备份，并与开发者书面确认交付资料与时间。

交付是一个积极行为，一般认为举证责任在开发方。但是由于软件行业具有特殊性，交付一般会在云服务器上进行，而云服务器大多从网络公司租赁。由于租赁云服务器需要支付一定的费用，使用方在签订合同时往往忽视对该部分费用承担的约定。待发生争议后，双方已经陷入僵局，软件开发也大多陷入停滞，承载软件代码的云服务器在租赁到期后因未及时付费，导致软件代码被清空，在开庭时即便可以登录服务器，也无法找到任何证据。所以，举证责任的分配对于使用方而言尤为重要。

根据司法实践的观点，如果软件开发合同明确约定了服务器的租赁费用由某一方承担，那么承担服务器租赁费用的这一方应当证明服务器不能登录而无法查明软件是否交付；如果合同没有约定租赁费用由谁承担，原则上应推定由委托方承担相应租赁费用，因为开发费用通常并不包括云服务器的租赁费用。[①] 因此，如果开发方已经提交了云服务器的账号、密码等初步证据，成功登录服务器后，即便其中的代码已经被清空，也表明其已经尽到义务，剩余的举证责任应由委托方承担。

（四）是否分阶段验收软件

在合同签订阶段，使用方即应当明确软件的验收合格标准。考虑到分阶段付款以及开发过程中的需求调整等，最好是分阶段验收软件。如果双方就软件验收产生争议，可以考虑由第三方进行检测验收。

在北京中易游网络科技有限公司与北京盛世星辉网络科技有限公司计算机软件开发合同纠纷案中，最高人民法院指出，在履行计算机软件开发合同的过程中，随着委托方需求的进一步明晰、合同双方交流的不断深入、受托方阶段性完成的具体情况、市场情势的客观变化乃至对交易成本控制的考量，对软件内容和功能进行调整和改进属于非常正常的情形，不宜仅因软件开发方超过合同约定

① 参见黎淑兰、陈惠珍、范静波：《计算机软件开发合同纠纷疑难问题研究》，载《法律适用》2018 年第 21 期。

的履行期限交付软件即简单认定其构成迟延履行。[①] 公司应当在根据合同约定的时间节点，按阶段进行软件的检测与验收。

（五）是否完成附随义务

由于软件开发行业具有特殊性，一般不能一次性完成全部开发，开发成果在正式交付之前，往往经历交付、测试、修改、再交付、验收等过程，而且在完成软件主体开发后，还要将软件与硬件进行对接，逐步修复产生的漏洞。

实践中，对由此产生的附随义务存在不少争议。对于此类争议焦点，除了应关注软件的主体功能是否实现外，开发方还应履行好附随义务，包括后期软件的维护、漏洞的修复和版本升级等，如果不能完成好附随义务，轻则可能构成违约，重则导致根本违约从而解除合同。在判断是否属于漏洞范围时，可参照软件开发合同约定的功能描述，判断是否影响软件要实现的主体功能，以及是否可以及时进行修复。

（六）是否授权许可使用开源软件

涉及第三方引入的开源软件，需要对有关授权许可作出明确约定，避免使用方因为无授权许可或者授权许可不明确遭受侵权索赔。就开发方引入的开源软件而言，必须明确是其自行研究开发的，或者合法取得相应使用许可权的。如果是开发方自行研发的软件，应授予使用方或者使用方许可的其他主体商业性的利用权（包括拥有分许可的许可权）。如果是引入的具有其他权利人的开源软件，开发方必须保证其已经合法取得相应的使用授权。如果导致使用方侵犯知识产权，则必须采取补救措施以保证使用方有权使用。

四、开源软件技术合规要点

1. 识别所有的源代码

软件进入组织有三个主要渠道：由软件使用方自己的开发人员引入的源代

---

① 参见《最高人民法院知识产权法庭裁判要旨（2019）摘要》，载《人民法院报》2020 年 4 月 16 日，第 7 版。

码,通过第三方商业软件供应商引入的源代码,以及 GitHub 等开放源代码渠道。在任何特定的产品或服务中使用的所有源代码都要经过合规流程,在这个流程中,软件使用方能够识别源代码的来源和许可,并制订计划以满足所有适用许可的义务。

2. 建立一个经常性的扫描模式

软件使用方采用各种方法来管理使用开放源代码的审批。鉴于开放源代码软件被大量应用,人们倾向于尽可能地提高这些审批的效率。部分使用方要求开发人员申请正式批准使用开放源代码,并且只允许在批准后将代码嵌入产品复制品中。在某些情况下,如开发人员急于完成工作时,可能不会发出合规票据来请求批准使用所需的开放源代码。因此,关键是要有一个额外的检查点或方法来捕获正在进入软件堆栈的未经批准的开放源代码。这种情况可以通过每隔数周(可根据开发速度决定)定期对整个软件堆栈进行全面扫描,并识别没有相应合规票据的组件,解决其合规性问题。然后,将为每个组件创建一个新的合规性票据,并通过正常的合规性验证过程进行推送。

3. 逐案验证合规性

在某种情况下批准使用的开源软件并不一定适用于所有情况。这时就会出现合规性问题,这取决于特定组件的使用环境,以及它与其他以不同许可证(开源或专有)授权的组件之间的互动。开发人员每次修改先前批准的开源组件或计划使用先前批准的组件时,应进行一次新的扫描。扫描结果将是产生一份新的材料清单,确认许可证,并批准在新的背景下使用。

4. 在升级开源组件的版本时验证许可证

开源组件的许可证变化可能发生在主要版本升级之时。当开发者升级开源组件的版本时,应当验证许可证。如果许可证有变化,可能需要创建一个新的合规票据,请求批准使用现在在不同许可证下许可的开源组件的新版本。

5. 解决由软件组成分析工具标记的合规问题

当源代码扫描器在代码库上运行时,输出可能包括某些标志,指向根据 SCA 工具中配置的规则和策略确定的可能问题。当这些标志被确认为一个真正的问题时，使用方应与开发人员一起解决这个问题，在解决后运行新的扫描，并根据更新的源代码生成一个新的材料清单。

6. 保存所有许可信息

在准备与使用开源组件有关的法律审查时，应保存所有相关的许可信息，如在 repo 中可用的 Copying、Readme 或 License 文件。许多使用方要求将这些文件附在特定开源组件的合规票据上，以便为票据的审查人员提供对合规状态进行正确评估所需的所有信息。

7. 提供一份书面提议

书面提议是成功的合规工作的一个重要组成部分。某些开放源代码许可证要求将各种许可证信息通知给软件的接收者，并要求他们能够访问源代码。对此，应当使用清晰的语言，并包含产品或服务中的所有开源软件。使用方通常试图在产品本身、产品文档或网站上找到书面报价和开放源代码许可信息。

8. 管理对开放源代码软件的修改

将所有对开放源代码的修改记录在修订历史中。当重新发布修改过的代码时，根据有效的许可证，使用方的修改需要清楚地标明。部分使用方选择了一种不同的和更有效的方法，即提供原始的开放源代码和使用方贡献的补丁文件，以适用于原始开放源代码包。按照这种方法，软件使用方的修改与原始的开放源代码包是明确分开的，可以识别。

9. 及时更新退役组件

在某些情况下，以前批准的开源组件可能不能再使用了。当遇到这种情况时，开发者应当重新打开相应的合规票据，并更新它以反映该组件已经退役，并提供与构建和具体使用信息有关的细节。这一行动将触发向产品或服务的用户提供的开放源代码许可信息的更新。

10. 避免复制、粘贴

开发人员必须避免在没有文件批准的情况下将开放源代码复制和粘贴到专有或第三方源代码中，这种行为会对许可证的遵守产生严重消极影响。

11. 避免混合具有不同许可证的源代码

在前面关于避免未经批准的复制、粘贴的说明之后，建议避免在未经适当批准的情况下混合不同许可证的代码。一些开放源代码的许可证是不兼容的，许多许可证与专有许可证不兼容。在此情形下，应积极寻求法律顾问的支持，并获得批准以混合使用不同许可证的源代码。

12. 保留原始许可证信息

不要删除或以任何方式干扰任何开放源代码组件中现有的版权、归属和许可信息。

五、开源软件管理审核层面

1. 开源软件管理审核

为避免在使用开源软件过程中产生风险，软件使用方应当在内部管理机制上增设开源项目管理流程或者部门，以便对开源软件使用的安全性、合法性进行评估。随着国际化程度不断加深，中国产品越来越多地出口到国外，开源软件风险问题也日益突出。软件使用方可能会收到用户个人或者 SFC 的通知，要求其履行开源协议的义务。目前在国内环境下，虽然开源协议的履行尚未得到司法确认，但是已经有了承认开源协议效力的判例。软件使用方应当尽早了解风险，做好风险预防，培养自身抵抗风险的能力。

2. 技术进出口合规审核

除了开源软件的进出口限制，软件使用方还应当依据购买软件时技术出口方国家的技术进出口措施进行合规审核。在目前复杂多变的国际政治经济形势下，大国之间的博弈也常常体现在对技术进出口的限制上。美国曾发布相关措施限制人工智能软件的出口，限制出口的软件包括应用于智能化传感器、无人机、卫星和其他自动化设备的目标识别软件等。一旦软件使用方落入或者违反相关规范，可能导致被制裁的后果，对未来在该国从事商业活动造成严重影响。

3. 专利前置审核

由于开源软件的许可证不一定明示了专利许可,因此在使用他人的开源代码前,应当根据使用地域对当地的专利注册情况进行检索。如果软件权利人已经在先注册了专利,那么该开源代码使用方式就受到了限制,软件使用方应当根据自身需求,判断是否能够继续利用该开源代码以及如何利用。

4. 开源方式审核

选择合适的许可方式是保证可持续性发展的前提,软件使用方可以以专有许可、开源许可证或者双重许可的方式选择是否面向公众发布产品的源代码,以及后续以何种方式更新。如果一项成果是基于已有作品修改完成的,那么它最好符合原作品许可协议的要求,因为协议有可能要求它遵从相同的许可证发布。对于不值得更新的小程序来说,使用 GPL 是不适宜的,因为它无法发挥自身传递性的优势,不能有效刺激后人对开源软件进行补充、修改或者更新。

5. 软件尽职调查中的开源风险审核

技术离不开开源软件的支持。在并购交易中,如涉及人工智能企业或者其他软件研发企业,对其软件进行开源风险核查是十分必要的。通过对软件使用的开源软件、开源协议的调查可以识别相应的商业软件本身是否存在开源风险、安全漏洞或者质量问题,软件使用方是否已经履行了许可协议相关的义务,为交易双方的安全交易提供法律保障。

第七章　合规管控:开源全生命周期治理

第一节　我国对开源软件的现实规制

一、法律法规规制

虽然目前我国还没有专门针对开源系统的法律,但开源领域并不是法外之地。

在大陆法系下,开源许可证与普通软件的用户许可协议一样,本质上就是一种合同,只不过它是一种标准化的不可磋商的合同。接受这份合同,就可以遵照合同要求使用开源软件;如果不接受就不能使用。

我国司法实践已认可了开源许可协议的效力。目前,开源许可在我国适用的法律概念是计算机软件著作权许可,这也是现阶段涉及开源许可争议时司法机关主要的裁判依据。总体而言,现行法律法规依据软件著作权许可使用的规定,从两方面对开源许可构建了具体的适用规则:一方面,围绕软件著作权保护以及对应的侵权责任展开,将开源许可视为对软件著作权附条件的授予和让渡,对于许可的违反视为侵犯软件著作权人的权利;另一方面,按照《计算机软件保护条例》等的规定,将开源许可解释为当事人订立的软件著作权许可书面合同,因开源许可协议具备合同特征,从而按照合同和对应的违约责任进行论证。

但是,无论是哪一种方式,开源许可和现行的计算机软件著作权许可都存在一定的差异,这主要表现在以下几个方面:

第一,根据《计算机软件保护条例》的要求,计算机软件著作权许可应以书面合同形式体现。合同一般具有相对性,仅在协议当事人之间有效。而开源许可发布时通常是对世的，类似于行业组织发布的通用条款，作者采用某一许可只需要放置标准的说明，用户接收和使用时才在双方之间适用。

第二，软件著作权许可的本质是围绕着如何保护和使用软件著作权而展开的，与自由使用的开源精神有一定差别。例如，针对软件著作权的规定，在没有得到软件著作权人许可的情况下，发表、登记、修改或翻译其软件就会被视为侵权①；而开源本身就是为了让用户能够共同使用、修改和分发源代码，只要将开源许可作为声明即可使用和修改。

第三，软件许可合同的条款通常具有差异化的特点，可以根据许可当事人的要求进行具体约定和调整，尚未达到高度的标准化；而多数通用的开源许可通常不允许修改具体的条文内容，作者只能根据需要选择不同的许可证。

第四，主体和法域适用有差别。我国软件著作权的适用范围为中国公民、法人或其他组织开发的软件。对于外国人或无国籍人而言，主要适用于其在中国境内发行的软件，以及按照同中国签订的协议或国际条约适用中国法的软件。对于开源许可，除一部分许可证明确说明适用美国法律以外，还有很多许可为适用当地准据法预留了空间，基本尊重具体情形下准据法的优先效力，但通常要求在准据法允许的情况下最大限度保障开源许可的各项约定。

经过上述比较发现，不管是从软件著作权附条件授予和让渡的角度，还是从软件著作权许可合同的角度解释开源许可，均对现有的软件著作权法律法规框架提出了新的挑战，这也导致发生争议时开源许可的具体适用和权利范围的认定存在不确定性。

因此，在设置开源许可时，开源软件的权利人需要注意许可中免责声明对自身的保护，避免因源代码中的错误引发赔偿问题。软件使用方则需要注意开源许可对自身的授权范围，如操作超出了开源许可范围或者使用、分发方式与开源许可要求不同，仍可能被软件权利人依据相关规定追究对软件著作权的侵权责任或对开源许可的违约责任。

---

① 参见李中铎主编：《知识产权工作实务指南》，知识产权出版社 2008 年版。

以下是目前我国对开源软件进行法律法规规制的几个具体方面：

1.《计算机软件保护条例》

《计算机软件保护条例》对软件著作权的保护并没有延伸到开发软件所用的思想、处理过程、操作方法或者数学概念等。也就是说，当事人开发软件所用的思想、处理过程、操作方法或者数学概念等，即使写入了软件当中，也不属著作权保护的客体。[①]

根据《计算机软件保护条例》第 9 条的规定，计算机软件著作权一般归属于软件开发者。如无相反证明，在软件上署名的自然人、法人或者其他组织为开发者。这个规定的本意是，谁完成了软件著作权的开发谁就对软件著作权享有权利。可以初步认定，在软件著作权登记本上登记的当事人为开发者。但要推翻登记的当事人的著作权，则需要提供相反证据。这里需要对相反证据予以明确，以便于实务诉讼把握。另外，此条规定也要与登记证书上当事人书面承诺的“权利取得方式：原始取得，权利范围：全部权利”的内容结合起来。通过诉讼或者当事人举证查明事实，发现与承诺并写在登记证书上的不一致的，可以认定为相反证明，证明署名的主体非著作权人的事实。在这种情况下，由法院视具体情形予以认定，并可以要求权利人撤诉。法院也可以依法判决主体不适格，驳回起诉。

根据《计算机软件保护条例》第 30 条的规定，软件的复制品持有人不知道也没有合理理由应当知道该软件是侵权复制品的，不承担赔偿责任，但应当停止使用、销毁该侵权复制品。如果停止使用并销毁该侵权复制品将给复制品使用人造成重大损失，复制品使用人可以在向软件著作权人支付合理费用后继续使用。此条款被总结为“不知者不赔条款”。

2.《网络安全法》

《网络安全法》与目前热议的《网络安全漏洞管理规定》，一同为保护网络安全等级与关键信息基础设施，对代码进行必要与适度的审查时提供了依据。

---

① 参见张广良主编：《全国专利代理人资格考试考前培训系列教材（相关法律知识分册）》，知识产权出版社 2011 年版。

根据《网络安全法》第22条第2款的规定,网络产品、服务的提供者应当为其产品、服务持续提供安全维护;在规定或者当事人约定的期限内,不得终止提供安全维护。对于开源软件产品或服务而言,如果将其关停或设立分支,可能会被认定为未能持续提供安全维护,触犯该条款。但如果严格按照该条规定,也不符合开源软件的发展规律。因此,在使用开源软件时,应当考虑在开源协议中对该条相关内容进行设计,尤其是在完善开源协议的权利义务转让、第三方承受维护机制等方面,加快开源软件完成与发行的速度,减少不必要的分支,降低碎片化。

在全球参与开源软件的背景下,开源社区的协同不可避免地会导致数据出境问题,源码的出入境应当作为协议安全的特殊情形予以充分地论证并作出除外规定,否则很难满足开源软件的宽松研发模式。①

3.《数据安全法》

2022年2月10日,工业和信息化部对于《工业和信息化领域数据安全管理办法(试行)》再次征求意见。近年来密集出台的网络和数据安全相关的法律法规说明,数据安全已经提升到了国家安全战略的一环。数据安全专项法律法规,是在此前《网络安全法》构建的网络安全保护制度基础上,进一步对于数据和个人信息安全建立的专项管理制度。

根据《数据安全法》的规定,数据处理包括数据的收集、存储、使用、加工、传输、提供、公开等。上述定义涉及的范围较广,开源及其商业化产业都有可能受到《数据安全法》的规制。在开源项目基础上开发商业软件,以及为数据提供增值服务的各类企业,也均需要落实数据安全制度和承担数据保护义务。《工业和信息化领域数据安全管理办法(试行)》已经将对网络构成严重威胁和严重影响人工智能领域的数据列为了核心数据,并提出了建立核心制度,包括网络数据分类分级保护、数据安全风险评估、数据安全事件通报处置、数据对外提供使用报告等制度。

---

① 参见原浩、黄道丽:《开源软件的网络安全问题——以开源协议与进出口监管的冲突展开》,载《信息安全与通信保密》2019年第12期。

此外，值得注意的是，《数据安全法》对属于管制物项的数据实施出口管制，也对重要数据的境内存储提出了要求。这对于基于具有全球流动性的开源项目而进行的商业化开发活动提出了更高的合规要求。例如，对于代码仓的境内外隔离、服务器的设置、开发代码的安全测评、数据合规的跨法域要求，对 AI 产业的核心代码和目录备案等均需要满足《数据安全法》的合规要求。

4.《反不正当竞争法》

根据《反不正当竞争法》的规定，商业秘密是指不为公众所知悉、具有商业价值并经权利人采取相应保密措施的技术信息、经营信息等商业信息。按照这一定义，开源代码本身并不符合商业秘密的定义，而在此基础上开发的闭源系统和软件则需要根据具体情况判断商业秘密的范围。如果开发者能够证明其商业化项目属于技术秘密，就有机会向侵权方按其所获利益主张损失，要求停止其产品的经营活动，从而进一步保障自身商业发展。

如果开发者希望将商业化项目作为技术秘密予以保护，通常需要采取以下几个方面的措施：首先，对代码采取一系列保密措施。例如，软件开发者对代码的传输方式进行保密控制等，通过 IaaS、PaaS、SaaS 开发时使用服务商提供的数据保密服务等。其次，软件开发者可以依法对软件进行著作权登记。如果对登记后的软件进行修改或升级，也应及时办理软件著作权登记的更新，否则容易被认定为权利基础不明确。最后是采用闭源方式。不为公众所知悉是技术秘密的必要条件，因此采用开源方式的项目，无法直接申请成为技术秘密。

二、商业规制

开源产业的发展壮大离不开商业化的助力，良好的商业化能够为开源产业提供更多的资源投入，同时也能引导开源项目更贴近市场需求。

现阶段，基于开源软件进行的商业化有几种主要模式：(1)提供相关增值服务收费，包括数据库服务(MySQL、MariaDB)，提供 IaaS、PaaS 和 SaaS 服务，提供 AI 框架以及其他云服务；(2)在社区免费版之外开发企业版本进行收费，或者基于开源代码开发商业计算机软件；(3) Google 等综合性企业利用开源生态实现许可费、广告等其他收入。

开源项目商业化过程中，最为突出的问题是对开源软件的出口管制。当前，我国《出口管制法》对软件的管控仍集中在软件的功能、性能上，开源软件本身公开的性质，并不能使其免于《出口管制法》的管辖。特别是根据《出口管制法》第 2 条的规定，从中华人民共和国境内向境外转移管制物项，属于“出口”；中华人民共和国公民、法人和非法人组织向外国组织和个人提供管制物项也属于“出口”(也称为“视同出口”)。

由上述分析可知，我国《出口管制法》定义下的开源软件“出口”或者“视同出口”涵盖的范围非常广，在中国境内运营的开源软件使用方需要对此特别注意。

下列场景可能会被认定为出口：(1) 国内某企业决定开源其研发的一个软件，在选定开源许可证后，将 GitHub 作为代码托管和后续协作的平台。而 GitHub 已被美国公司收购，且其具体运营公司也位于美国旧金山，GitHub 的代码存储空间也主要在美国。因此，这种形式的源代码开源，如果涉及禁止或者限制出口的软件技术，被主管部门认定属于“出口”的可能性很大。(2) 国内某企业决定将其研发的机器学习程序捐赠给 Linux 基金会。假设这项程序属于禁止出口的技术，而 Linux 基金会属于外国组织，则该企业向 Linux 基金会捐赠源代码及相关材料的行为，被主管部门认定属于“出口”的可能性也很大。

而如果国内某企业决定将其软件开源到 Gitee 上，该软件属于限制出口技术。Gitee 运营公司位于中国深圳，源代码的存储空间也在我国境内，此情形下不应认定为开源软件“出口”。但是，如果该软件涉及国家保密规定，应遵守相关的要求。

三、监管规制

为节省成本、缩短开发周期、提高生产力，使用开源软件成为一种新常态。

然而，近几年开源软件风险事件频发，稍有不慎，就可能成为安全风险的爆点。因此，开源软件应用风险成为软件使用方的重要命题。目前，我国主要对重点行业应用开源软件的安全问题进行监管。

来自新思科技的《开源安全和风险分析》报告显示，金融服务/金融科技行业中，包含漏洞的开源代码占比已超过60%，在65%的开源代码中发现了许可证冲突，有26%的开源代码没有使用许可证或者使用了定制化的许可证，有85%的代码依赖了超过4年未更新的开源代码。

为了更好地规范开源技术的引入和应用，各监管机构相继发文，明确金融业开源技术治理要求。2021年10月20日，工业和信息化部办公厅等部门联合发布《关于规范金融业开源技术应用与发展的意见》，旨在规范金融机构合理应用开源技术，提高应用水平和自主可控能力，促进开源技术健康可持续发展。①

中国金融认证中心（China Fiancial Certification Authority，CFCA）作为开源技术安全治理践行者，已开展了大量代码审计工作，重点关注开源软件的代码审计和漏洞审查，积累了大量的工作经验。近年来，CFCA以数字安全为基础，积极开展新型数字安全生态研究与服务模式的创新，针对开源技术治理等新需求持续推进新业务研发与优化，为行业发展提供安全可靠的产品、服务及解决方案，为数字金融健康发展贡献力量。

第二节 开源软件合规治理体系

针对开源软件中存在的诸多安全隐患和现实中的诸多规制，为了对开源软件进行全生命周期的有效管理并防范开源合规风险，开源软件使用方建立一套完善的开源合规治理体系势在必行。

开源合规治理体系应以匹配性、问责制、可持续性等原则为基础，其目的是

---

① 参见栗蔚：《〈关于规范金融业开源技术应用与发展的意见〉对金融业创新发展和开源治理的启示》，载《中国金融电脑》2021年第12期。

寻求最佳的开源治理实践，防范开源软件合规风险，同时不降低企业对开源软件的接受度。①

开源合规治理体系的建立需要结合行业趋势，根据业务方向、行业特点、合规治理水平等制定适合自身的开源政策。举例来说：如果使用方只是在组织内部使用开源软件，并不进行分发，那么它要遵守的开源合规义务就很少，主要需要考虑的是来自开源供应链上游的合规风险；如果使用方既使用开源软件也将其进行分发，但不想将自研部分的代码开源，那么就需要特别关注开源代码和组件的选择及使用方式，避免违反传染型许可证带来的开源义务；如果使用方既使用了开源软件也对外开源，那就既要避免许可证之间的冲突，又要确保自身符合开源的通知义务。

开源合规治理体系包含诸多要件，为了预防、发现和响应软件使用方的不合规问题，实现预期的开源合规效果，治理体系的部分要件要满足软件使用方的预期行为，部分要件需要防止非预期行为或用于审核合规绩效并提出改进方案。

开源合规治理体系需要在合规制度的基础上构建框架。软件使用方在制定、执行开源合规制度时，可以着重关注以下几个方面：一是重视开源合规执行流程，将开源政策要求与自身业务进行融合；二是掌握国际、国内开源合规动态，了解最新开源合规要求；三是运用各种工具提升开源软件管理能力，提高数字技术应用水平；四是引进和培养开源合规人才，加强开源合规培训，增强开源合规意识；五是关注开源软件生命周期各个环节，全流程把控合规风险；六是注重开源合规体系配套资源的支持；七是深入合规审计、落实整改措施，加强后续合规指导。

开源合规制度体系搭建完成后，将会为治理体系的其他要素提供理论指导。最终合规制度与合规义务、合规工具、合规团队等多个要件有机组合，共同保证开源合规治理体系正常运转。

完善的开源合规制度可以从以下九大维度为合规治理体系建设提供指引：

---

① 参见云计算开源产业联盟《开源合规指南（企业篇）》，2022 年 5 月。

一、完善开源合规流程

形成完善的开源合规流程，可以为开发人员提供一系列指导性原则，帮助软件使用方获取、使用、管理开源软件并执行开源合规制度，在使用、贡献、自研等各类开源实践中做到合法、合规、合理。同时也有助于提升开源认知，展现开源成果、打造开源社区影响力。

一般开源合规流程需要满足以下几点要求，可以根据软件使用方的具体情况予以调整：

(1)开发人员在产品中使用开源软件之前，需要得到开源合规团队的批准。

(2)引入软件前必须经过审核批准，范围包括自研软件中包含的开源软件和从第三方处获得的软件及其中的开源软件，以确保在发布前履行了开源许可证的合规义务。

(3)对引入软件逐一审核，根据具体情况给予批准，确保批准某一具体场景下使用的开源软件不会用于所有场景。

(4)在每一次迭代时检测已使用的开源软件是否发生变化，如变化则要重新审批。

二、明确开源合规义务

明确的开源合规义务清单可以指引软件使用方完整履行义务，进而保障开源行为的合法合规，并能协助对开源合规治理体系进行策划、实施、运行和改进。

最明确的开源合规义务来源于软件使用方所处的法律和监管环境，因此需要理解相关监管方的需要和期望。其中有些需要和期望是强制性的，因为它们已被纳入正式要求，如法律、法规、许可、执照以及政府或法院措施；另一些需要和期望虽然不具有强制约束力，但如果软件使用方与第三方协商一致，并通过签订协议等形式确定采纳，这些需要和期望也会转变为使用方的合规义务。这类第三方包括政府机构、供应商、承包商、业务伙伴、非政府组织等。①

三、用好开源合规工具

很多开源软件的使用主体迫切希望做好合规,但在具体开展开源合规工作时却常常有心无力,这里的矛盾源于合规工具的有限功能不能匹配不断增长的合规需求。

实务中,开源软件合规需求众多,合规的标准也在不断提高。但各种开源合规工具表现不一,通常一类开源合规工具只能满足部分或单一需求。例如,由于开源供应链的合规需求上升,为了确保供应链的准确性和完整性,需要更精准高效的合规工具来制造软件物料清单。

开源合规工具擅长分析、报告和帮助推动管理决策。开源合规治理工作需要使用多种工具,进行自动化及便利化开源代码审核、开源代码及其许可证的确认。目前,市场上存在的用于对开源代码组成及安全性分析的开源治理工具包括但不限于以下三种类型:(1)工具不扫描开源软件源代码,对文件级别提取特征文件,生成二进制包,通过对二进制包进行比对来识别组件并确定许可证类型。此类工具扫描后得出的组件信息是自动确认的。(2)工具不扫描开源软件源代码,对文件级别提取特征文件,生成二进制包,通过对二进制包进行比对来识别组件并确定许可证类型。此类工具扫描后得出的组件信息是自动确认的。(3)工具不扫描开源软件源代码,通过扫描包配置文件读取信息,进行依赖识别从而识别组件并确定许可证类型。此类工具扫描后得出的组件信息是自动确认的。

同时,在使用开源合规工具时,软件使用方也可以应用数字技术。对应用数字技术形成的合规工具进行测试、优化和不断升级,提高工具的准确性和适用性,并将其与软件使用方的数字化业务相融合,提升开源合规治理体系的有

---

① 参见国家市场监督管理总局、国家标准化管理委员会:《合规管理体系 要求及使用指南》(GB/T 35770—2022),2022 年 10 月。

效性。

数字技术在开源合规治理体系中的现实应用包括但不限于以下范围：合规义务和相关案件数据库；合规风险数据库，包括对以往违规行为的总结报告；合规培训系统，包括线上课件、自我考试等；合同管理和财务系统；信息和数据搜索与分析工具，如对相关领域立法和执法趋势的跟踪和分析、对内部过往违规事件进行行为模式及发生原因的分析；数据分析，如合同履约率的数据分析等。①

四、组建开源合规团队

开源合规工作要想取得成效，除了明确开源合规制度、流程、义务、工具等外，组建开源合规团队，提升开源相关人员素质也是重点。当前，开源许可证种类众多，每个许可证的使用条件各不相同，软件使用方在实践中应用开源软件时经常需要反复核实法律风险。这不仅需要法务人员专业的分析与解读，也需要开发人员对合规处理进行代码和文件的落地操作。

开源软件合规工作的特点之一就是涉及人员多、涉及部门多、协同要求高。通常来说，开源的日常合规治理会交给专门人员，如合规官来负责。对于产品线众多的大型软件使用方，往往还需要组建专门的开源合规团队来协调合规工作，该团队一般由核心团队和扩展团队构成，包括多部门成员共同协作。②

核心团队可以组建开源审查委员会，作为软件使用方开展开源合规工作的最高领导和治理机构。开源审查委员会主要职能包括：首先，开源审查委员会应做到鼓励和支持合规，对侵害合规的行为"零容忍严处理"。要将合规融入组织的价值观、目标和战略中，鼓励组织成员意识到其负责的合规目标的重要性，并创造一种鼓励报告不合规且报告后不会受到报复的环境。其次，有效开源合规治理体系离不开开源审查委员会的积极参与。管理者需要以身作则，做到了解

① 参见国家市场监督管理总局、国家标准化管理委员会：《合规管理体系　要求及使用指南》(GB/T 35770—2022)，2022 年 10 月。

② 参见云计算开源产业联盟《开源合规指南(企业篇)》，2022 年 5 月。

合规治理体系的内容和运行，积极明确地践行开源合规准则。这有助于相关人员充分理解合规政策、合规运行程序以及这些政策和程序如何应用于他们的工作，并促使他们有效地履行合规义务。最后，开源审查委员会要对开源合规治理体系进行有效监督。可参考软件使用方的业务绩效指标等关键信息，按照合理的时间间隔（如每季度或每月）评审开源合规治理体系的绩效，以确保合规治理体系目标的实现。①

开源审查委员会一般由开源负责人、法务、软件工程师组成，委员会的分工职责可参考如下：

1. 开源负责人

开源负责人通常负责开源办公室的运作，往往具有较高的职级。该职位将花费大量的时间和精力专注于支持内部以及外部合作方（如其他企业和大学）的开源事务，而不仅仅是内部开发。开源负责人一般可以行使以下职能：

（1）负责管理和执行企业范围的开源战略和业务指标，跟踪项目技术和业务的成功；

（2）负责开源合规性，代表企业和开源组织对话，参与开放标准的建设以及参与有关开源贡献、项目赞助等的高层决策；

（3）负责开源工程资源，如办公室的预算、人员配置、技术工具和系统建设等一系列关键问题。

2. 法务人员

法务人员是开源团队的重要组成部分，负责软件使用方参与开源的过程中遵守法律、开源许可证等的法律合规工作。具体而言，法务将负责企业使用、贡献和主动开源的法律事宜。因此，开源合规团队引入在开源许可证和知识产权方面有丰富经验的法务非常必要。法务人员的职责通常包括：

（1）准确解读协议。法务人员应当对目前所有的开源协议进行准确解读，对使用开源协议的风险作出系统的评估。

---

① 参见国家市场监督管理总局、国家标准化管理委员会：《合规管理体系　要求及使用指南》（GB/T 35770—2022），2022 年 10 月。

(2)对技术人员进行培训。在有使用开源软件进行软件开发的需求时,法务人员应当及时对技术人员进行开源协议内容培训,确保技术人员在开发软件的过程中不随意使用开源代码引发风险。

(3)根据实际情况制定使用开源软件的策略。法务人员应根据策略,为软件开发过程中选择开源许可证提供专业建议。

(4)监测软件使用方使用的开源许可证,如有变化及时作出合规提醒。

3. 软件工程师

开源合规团队需要有软件工程师担任开源软件相关的高级技术决策者,如从事开源项目的开发选择、提供和集成所需的工具、确保工具符合企业的要求,同时确保开源合规的技术方案落地。①

扩展团队一般由多个部门的不同人员组成,持续为合规工作做出贡献,这些部门可能包括文档、供应链、企业发展、IT 等。与核心团队不同的是,扩展团队的成员一般仅根据他们从开源审查委员会收到的任务,兼职从事合规工作,但合规工作要避免与其本职岗位产生利益冲突。

扩展团队的人员需要拥有从事合规工作的权限、地位和独立性。权限意味着合规团队人员被开源审查委员会授予足够的权力。地位意味着软件使用方的其他人员需要听从和尊重他们的意见。独立性意味着合规团队需要尽可能地不亲自参与可能暴露在合规风险之下的活动。

在挑选开源合规团队成员时,开源审查委员会可以对成员进行尽职调查,包括要求提供推荐信和进行背景调查,确保成员可以履行合规职责。同时,需要根据职责考虑组成人员的素质,如是否有能力接受合规的指导,是否具备设计、实施和维护合规管理体系能力,是否具备面对测试和挑战的业务知识和经验,是否以战略性和积极的方式对待合规等。对于需要加强的素质,通过合规治理制度获取诸如培训等的专业支持。这些措施都是为了确保开源合规团队成员能够有

① 参见国家市场监督管理总局、国家标准化管理委员会:《合规管理体系 要求及使用指南》(GB/T 35770—2022),2022 年 10 月。

效执行合规职责。①

对于没有能力或者暂时没有必要创建独立开源合规团队的软件使用方来说,将合规工作进行外包也是一种选择。但在外包时,要注意不宜将全部合规职能分配给第三方,且即使职能外包,也要保留对这些职能的使用权限并对其进行监督。

五、重视开源合规培训

软件使用方需要将开源合规培训作为治理体系的重要组成部分,以达到宣传和推广开源合规体系、培养开源合规文化、提高员工开源素质的目的。

为了有效提高相关人员对开源政策和战略的认识,软件使用方可根据自身规模及商业产品中包含开源的程度,开展正式和非正式的培训课程。

软件使用方可以要求从事开源工作的员工参加指导课程,作为开源合规的正式培训,通过考核后方可结课;非正式培训可以是午餐研讨会,通常由员工或受邀演讲者在午餐时间进行,目的是引发对是否将开源纳入商业产品或企业软件组合的各方面进行讨论,此类会议还可包括对公司合规计划、政策和流程的讨论;另外,也要加强新员工的入职培训,将向新员工介绍开源合规政策作为员工入职培训的一部分,为新员工提供必要的开源合规治理信息。②

六、形成开源合规文化

开源合规制度和流程的指引往往具有滞后性,此时,完善的开源合规文化可以作为重要补充。

开源合规文化通常由贯穿整个软件使用方的价值观、道德规范、信仰和行为构

---

① 参见国家市场监督管理总局、国家标准化管理委员会:《合规管理体系　要求及使用指南》(GB/T 35770—2022),2022 年 10 月。

② 参见云计算开源产业联盟《开源合规指南(企业篇)》,2022 年 5 月。

成，有利于实现其使命、愿景和合规目标。开源合规文化反映了软件使用方应对开源合规风险的意识和态度，是开源合规治理体系不可或缺的重要组成部分。

开源合规文化的价值在于：

一是提供原则性指引，应对开源合规风险。在制定合规治理体系应对合规风险的同时，宣传自身的价值观、道德规范和信仰，并据此建立原则性指引，以员工手册、行为准则或其他形式呈现出来，使得内外部人员在具体规定不清不全或没有具体规定或存在灰色地带的情况下，根据原则性指引应对开源合规风险。二是促使使用者主动合规。良好的开源合规文化可以正面影响人的行为，提升认同感和主动合规意识。三是提升开源合规管理有效性，促进实质性合规。通过支持开源合规文化与开源合规治理体系的其他要件共同作用，使得开源合规文化渗透到组织的各个层级和领域，实现预期结果。

建立、维护、推广和实施良好的开源合规文化，不仅需要管理人员言行一致、以身作则，还需要软件使用方内部树立良好的合规氛围，相关职能人员形成持续的合规意识。

七、应用开源软件管理

软件使用方在对开源软件的应用进行管理时，需要重点把控软件的引入、审核和退出环节。

（一）开源软件引入规范

引入开源技术，是指从代码托管平台、技术社区、开源机构官方网站等渠道获取或通过合作研发、商业采购等方式引入开源代码、开源组件、开源软件和基于开源技术的云服务等。[①] 软件使用方引用开源软件，被视为已接受开源软件许可协议。因此，软件使用方有必要对开源许可证的相关信息进行详细审查，以最大限度减少使用开源软件的风险。

---

① 参见人民银行办公厅、中央网信办秘书局、工业和信息化部办公厅、银保监会办公厅、证监会办公厅《关于规范金融业开源技术应用与发展的意见》，2021 年 10 月。

引入开源软件时应以业务场景目标为核心，由法务、技术、运营等团队对待引入软件进行详细评测。应制定便于操作的引入开源软件测评标准，对涉及的开源软件许可证条款作出准确详尽的解读，并从权利方主体资格、引入和使用范围等多个维度考察软件情况，综合评估该软件是否可以引入。

（1）引入开源软件应以遵守其许可证规定为前提。在使用前务必详细核对许可证条款，核对清单主要有以下方面：①许可证名称及版本号；②许可证是否合规；③许可证使用条件；④专利授权条款；⑤专利报复条款；⑥引用限制；⑦修改限制；⑧保留声明条款；⑨商标使用限制；⑩是否允许变更；⑪是否要求附加修改说明文档；⑫是否与已有许可证兼容；⑬是否可以商业性使用；⑭传染性条款等。

（2）要对软件权利方进行主体资格审查。开源软件项目的贡献者往往人数众多且散布于全球各地，只要项目保持开源，贡献者数量就会持续增加。开源软件的法律主体一般包括源代码提供方、二次开发方、开源社区和软件使用方。开源软件提供方允许在其源代码基础上进行二次开发，二次开发后的代码因具有附加的创造性劳动，在不同的许可证类型框架下，其署名权和财产权利的归属等的规定也有所不同。为了明确开源软件的权属，防止侵权，软件使用方在引入开源软件时可以在官网、各大开源社区等处搜索软件登记证书来参照确认软件的权利主体。

（3）要注重软件的引入方式和使用范围审查。目前，我国开源软件引入方式主要分为软件使用方自行引入、第三方引入，使用范围主要分为软件使用方内部使用、对外分发使用。软件使用方应仔细解读开源许可证条款，结合场景明确具体的软件的引入方式及使用范围。

（二）开源软件审核标准

为方便开源合规治理工作，软件使用方可以成立开源软件评审委员会，负责统筹管理开源软件。开源软件评审委员会成员应包括技术人员、运营人员、安全人员、法务人员、软件库管理人员等。开源软件评审委员会负责对开源软件基于客观数据，从软件特性及版本、安全合规性、成熟度、功能及性能、社区活跃度等进行综合评估，并形成长期的审核标准。以下为参考审核维度。

1. 是否能可持续性管控

开源软件容易因为商业、市场等原因不再迭代和维护，软件使用方需要做好开源软件技术可持续性风险的排查，要根据全网开源软件资产的情况、社区活跃度进行技术可持续性的分析，确保能及时了解系统引入的开源软件的技术可持续风险。

2. 性能和可靠性要求

软件使用方在使用软件之前要检查源代码，确保产品功能满足业务需求和目标，且具备容错性和易恢复性。

3. 是否满足兼容性要求

软件使用方要对开源软件开展实际运行环境、接口、数据等的兼容性评估，以确保兼容性符合要求。

4. 运维风险

软件使用方需要对开源软件的软件质量、支持工具和运维服务作出评估，保障运维的持续性。

5. 二次开发的技术要求

对于二次开发的开源软件，软件使用方需要确保其中开源软件部分同步社区的迭代升级能力，并满足开源软件许可条款的要求。

（三）开源软件退出流程

当开源软件出现纠纷或出现严重安全漏洞时，软件使用方经评估后确认需要退出的，可以通过开源软件管控平台发布退出通知和替换建议。开源软件评审委员经审核后发起退出流程，由开源软件项目负责人评估退出影响，并按照时间要求执行替换操作。

技术人员应协同各部门负责人分析该软件被依赖、被使用的情况，提出退出完成时间，通过开源软件管控平台进行公告和通知。开源软件项目负责人评估业务影响范围并执行立即退出或计划退出。对于被大规模使用、短时间无法退出或者存在大量被依赖关系短时间内无法执行退出的开源软件，由技术人员给出建议，开源软件项目负责人组织制订计划来执行退出，并协同进行开源软件风险的重点监控。

开源软件退出后，开源软件管控平台要及时更新开源软件资产清单和准入清单，对在网的开源软件做好影响和风险评估。

八、提供多维支持

开源合规体系建设需要以下几个方面的支持：

一是资源。开源合规建设的资源包括财力、人力、技术资源，以及获得外部咨询和专业技能的机会、组织基础设施、职业发展情况、技术和关于合规管理与法律义务的同时期参考材料等。

二是能力。开源合规建设所需的能力，是指运用知识和技能实现预期结果的本领。能力需要知识、经验和技能，以便人员能以有效的方式履行其合规职能。

软件使用方可以采取诸如培训等措施，确保员工维持现有能力并根据需要习得新能力，可以明确能力证据（岗位描述、职位说明等）对担任该职位的人员进行考核。

三是文件。开源合规治理体系的文件化信息涉及范围广泛，如合规政策与流程、合规目标、合规结构、合规岗位和职责分配等，可以通过各类数字和非数字的媒介呈现。文件化信息创建后需要持续更新，以反映内部和外部开源合规政策的变化。文件化信息可以为开源合规的监管和改进提供依据。

九、审核与改进

开源合规治理体系不是一成不变的，需要根据开源软件的更新和合规体系的变化进行迭代升级。因此，软件使用方需要建立开源合规治理体系审核机制，对开源合规治理体系进行持续改进。

开源合规治理体系审核机制需要合理的审核指标，主要包括有效培训的员工比例、监管机构介入的频率、反馈机制的使用等。指标应体现开源合规风险的评估结果，以确保各项指标与合规风险特征具有相关性，指标应随软件使用方的组织成熟程度变化等随时更新。

要实现开源合规治理体系的有效性，需要它具有持续改进和发展的能力。随着时间的推移，开源合规义务也发生变化。软件使用方需要结合法律、政策、经济等因素，通过多种方法对合规治理体系的充分性和有效性进行持续和定期评估，确保其处于最新状态且适合于其业务目标。

对开源合规治理体系的改进通常包括监测、调查、分析、报告四个步骤，并以此为依据作出改进：

监测是为了评估开源合规管理体系的有效性和组织的合规绩效而收集信息的过程。开源合规管理体系的监测方向通常包括培训的有效性、控制的有效性（如通过抽样测试的结果）、合规义务的时效性等。

是否能进行有效调查是评价开源合规治理体系是否有效且功能健全的一个重要方面。具有良好功能的开源合规治理体系，可以对任何针对不当行为的指控或怀疑进行及时、彻底地调查。有效调查也包括后续采取的处分或补救措施，以及结合经验教训对开源合规管理体系的修订。

开源合规治理体系的分析结果可用于评估性能、改进或重新设计体系、培训员工等用途。

对开源合规事件记录留存并形成合规报告是避免同类问题再次出现的重要措施。不仅要报告系统性和反复出现的问题，对于重大或故意为之的一次性不合规事件也要给予同等重视。①

---

① 参见国家市场监督管理总局、国家标准化管理委员会：《合规管理体系　要求及使用指南》（GB/T 35770—2022），2022 年 10 月。

第八章　国外开源政策及法律发展动态

发展开放、平等、协作、共享的开源模式，加速软件迭代升级，促进产用协同创新，推动产业生态完善，成为全球软件技术和产业创新的主导模式。当前，全球97%的软件开发者和99%的企业使用开源软件。基础软件、工业软件、新兴平台软件大多基于开源，开源软件已经成为软件产业创新源泉，基于全球开发者众研众用众创的开源生态正加速形成。

随着大量的开源技术和开源生态产品被应用到物联网、大数据、5G、AI等信息技术密集型行业，对开源的规制也变得越发重要。如果不能有效解决开源软件的安全隐患问题，全球关键行业基础设施安全将会像建在沙滩上的城堡一样岌岌可危。

因此，全球各个国家和地区越来越注重开源的生态培育与风险管理并行。一方面，大力推动开源生态发展；另一方面，通过相关政策与法律积极防范开源风险。

第一节　英国开源政策及法律发展动态

英国于2004年首次发布开源产业政策，并于2009年2月进行了更新。英国主流的开源主张认为，政府应积极寻求使用开源，使纳税人的钱在提供公共服务时发挥最大的价值。希望在整个公共部门共享和重新使用现有的开源软件采购——不仅是为了避免重复支付，也是为了降低风险，并为政府的共同需求推动共同的、联合的解决方案。同时，希望政府鼓励开源思维和创新，在外部帮助发展一个充满活力的市场。英国前贸易大臣弗朗西斯·莫德称,英国在开源的未来中将扮演重要的领导角色,通过支持参与开源的公司,帮助他们发展和支持英国公共部门,实现强大的循环经济,并创建可以在全球范围内扩展的世界领先开源项目。①

事实上,早在2012年11月,英国政府内部就已开始采用开源技术,并发布了 *Open Standards Principles* 的指引。目前,英国政府正寻求开源技术使用的常规化。政府服务设计手册中的 *When to Use Open Source* 规范就明文指出政府必须在作业系统、网络软件、网页服务器、资料库和程式语言方面,逐步以开源技术取代专属或闭源的技术。

2016年,英国政府数字化服务技术架构师安娜·希普曼在GOTO柏林会议上谈到了政府的开源行为,其设法将开源理念引入了政府,不仅是使用开源代码,而且是创造开源代码。安娜·希普曼认为,以开源的方式进行代码编写可以让它们被重用,并提高透明度,最后会实现更好的数字服务。比如,当你浏览英国税务及海关总署的GitHub网站时,你可以看到成百上千的开源项目,而且不仅仅只是库。你可以找到英国税务及海关总署的网页前端代码,也可以找到领域驱动的微服务代码,而这些代码都是在GOV.UK网站上实际运行着的。

安娜·希普曼也提到了数字化服务标准——一套所有面向公众的服务领域都必须遵守的18项标准。该标准包含的部分规定有:软件必须由多学科团队使用敏捷方法迭代式地进行开发;团队必须了解用户的需求,进行不间断的用户研究,并进行端到端的服务测试。一些全球分销系统(Global Distribution System,GDS)目前正在做的事情是找出最有用的项目,使它们成为开放源代码的候选,帮助团队用开放的方式进行编码,并增加他们对开源的贡献。

英国政府在2021年发布的《技术规范》中承诺使用更多的开源软件。数据管理公司Aiven的研究显示,71%的英国政府技术工作者报告说,与五年前相比,政府现在正在使用更多的开源软件。研究还发现,尽管62%的部门正在使

① 参见祝艺真:《世界各国的开源产业政策|英国》,载微信公众号“上海开源信息技术协会”2021年12月15日,https://mp.weixin.qq.com/s/NAo378_9Pt2w-_ctCubdsA。

用开源软件，但只有 10% 的部门将其代码完全开源。有 22% 的部门公布了他们的部分代码，其余的部门（30%）使用开放源码但没有公布代码。

Aiven 的首席技术官海基·努西埃宁说，英国政府显然致力于开放源代码。它不仅更具成本效益和安全性，而且我们的研究发现，它也是招聘和保留人才的好方法。在竞争激烈的市场中，开源软件意味着工程师可以窥探到他们将从事的项目的类型。75% 的受访者表示，开源将有助于招募新的开发人员。其原因包括：在面试阶段就能看到他们将从事的项目类型——通过在 GitHub 上看到这些项目（65%），在他们开始工作时对代码库的清洁和完善感到更有信心（52%），对自己的工作感到自豪并希望分享它（51%），以及能够在他们的简历上写上“开源贡献者”以利于未来的职业发展（44%）。

2021 年 2 月，开源非营利组织 OpenUK 在 2021 年欧盟开源政策峰会上发布了其三阶段报告并指出，开源技术为英国贡献了高达 430 亿英镑的经济增长，且英国在开源开发方面领先于欧洲。据报告统计，英国目前仍是开源技术的领导者，其国内预计有 12.6 万名贡献者参与了创建、开发和维护开源的工作，这一数字将近欧盟 26 万名开源开发者的一半。

目前，英国政府对开源软件的接受和规范程度越来越高。一方面，英国政府宣布采用开源公司办公套件，就是基于 LibreOffice 的“GovOffice”。协作办公套件 GovOffice 支持超过 100 种格式，包括 Microsoft Office 和 Google Docs。GovOffice 是基于最流行的办公软件 LibreOffice，也将支持从移动设备直接跳转到 Web 浏览器打开和编辑文档。这个措施将会覆盖所有的政府机构，甚至是政府机构代表。这个措施会覆盖政府组织的协作产品和非营利性应用，包括政府自身、政府直辖部门和政府外包。越来越多的人，特别是政府部门正在使用开源软件。[①] 另一方面，英国的开源数字政府计划也要求政府在默认情况下，公开所有涉及公共服务的新源代码，并发布了《开放代码的安全注意事项指南》对开源

① 参见祝艺真：《世界各国的开源产业政策 | 英国》，载微信公众号“上海开源信息技术协会”2021 年 12 月 15 日，https://mp.weixin.qq.com/s/NAo378_9Pt2w-_ctCubdsA。

软件使用作出规范。[①]

第二节 澳大利亚开源政策及法律发展动态

澳大利亚的开放代码计划主要由联邦政府、数字化转型机构和各州政府实施。2011 年,联邦政府发布《澳大利亚政府机构开源软件指南》(*Australian Government Open Source Software Policy*),指导机构“考虑采购的所有软件均为开源软件”,这无疑是联邦政府释放的致力于开源的信号。

澳大利亚政府主张的开源政策有三个驱动原则:一是澳大利亚政府信息与通信技术采购流程必须积极公平地考虑所有类型的可用软件,在采购过程中,澳大利亚政府机构必须同时考虑专有和开源软件解决方案,这里的关键驱动因素是物有所值;二是软件供应商在与澳大利亚政府机构沟通时必须考虑所有类型的可用软件,联邦政府机构必须在其招标文件中对此进行规定;三是澳大利亚政府机构将积极参与开源软件社区,并在适当的时候做出贡献。澳大利亚政府机构将跟上开源软件的全球实践步伐,积极参与开源软件社区建设。

此外,2013 年澳大利亚时任联邦政府概述了其对电子政务和数字经济的政策。该政策的一个关键方面是在线迁移所有澳大利亚政府的主要服务和与个人的互动,并将 2017 年定为实现这一目标的现实可行日期。该任政府建立了临时数字化转型办公室(DTO),后改组成数字化转型机构(DTA),并发布了《数字服务标准》的 Alpha 版本(改编自英国政府的《数字默认服务标准》)。

DTA 认为开源是十分必要的,共享源代码可以帮助其他具有类似需求的用户进行再利用。同时,开源有助于降低项目和其他人的成本,避免锁定、停止重复、增加透明度,通过其他开发人员的改进增加收益。《数字服务标准》Alpha 版本规定,用户需要表明已考虑过适合其服务的开源协议,并考虑在开源社区广泛

① 参见隆云滔等:《国际开源发展经验及其对我国开源创新体系建设的启示》,载《中国科学院院刊》2021 年第 12 期。

采用的平台上发布源代码,如 GitHub。后来该标准的 Beta 版本规定,用户需要展示:如何公开和再利用源代码,如存储在存储库中、在许可下发布代码或使用 API;为贡献者提供的计划或指导;如何处理代码的更新和错误修复。

除了澳大利亚联邦政府努力支持外,部分州政府也鼓励开源。例如,《数字西澳大利亚州:西澳大利亚州政府信息通信技术战略(2016—2020)》在其路线图中明确表示:"政府采购将得到简化……开源采购选项范围扩大。"

2022 年 12 月 16 日,澳大利亚网络安全中心(Australian Cyber Security Centre,ACSC)联合微软发布《小型企业云安全指南》(*Small Business Cloud Security Guidance*),该指南提出保护网络环境的"八项基本原则",即多重身份验证、限制管理权限、定期备份、修补操作系统、修补应用程序、配置宏设置、应用程序控制、用户应用程序强化,旨在帮助小型企业保护其软件环境安全,避免受到开源软件风险等常见网络安全事件的影响。

第三节　美国开源政策及法律发展动态

从 2002 年开始,美国智库研究就着力于开源软件的政府政策问题,并发布了关于开源软件的政府政策报告,探讨政府采购和专利等政策议题,为政府政策提供支持。2004 年,美国联邦金融机构审查委员会开始引导产业关注开源风险,发布了《开源软件风险管理指引》,要求引导机构在采用开源软件时参照该指引加强风险管理。

2016 年 8 月,美国政府发布联邦源代码政策,推动政府软件和财政资助项目成果软件开源。该政策要求联邦机构每年必须将不少于 20% 的新开发源代码以开源形式公开发布,并且要求开源至少 3 年。[①] 美国国土安全部开始资助 Coverity 公司开展"开源软件代码测试计划"。

---

① 参见中国信息通信研究院《全球开源生态研究报告(2022)》,2022 年 9 月。

2019 年 1 月，为了推动政府公共数据开放，美国国会通过了《开放政府数据法案》，将开放数据纳入美国法律体系。美国成为继法国和德国之后，将开放政府公共数据从政府政策上升为国家法律的国家。①

2022 年 2 月，美国白宫召开开源安全峰会，围绕开源软件集思广益，以提高其安全性，并探讨新的合作方向。②

2022 年 9 月 29 日，美国参议院国土安全和政府事务委员会就一项新法案投票通过，希望解决开源软件给政府机构带来的安全风险，该法案名为《保护开源软件法案》（*Securing Open Source Software Act*）。该法案提出，开源软件是互联网基础设施的一部分，联邦政府应在确保开源软件长期安全上发挥支持作用。该法案要求推行软件物料清单制度，网络安全与基础设施安全局（The Cybersecurity and Infrastructure Security Agency，CISA）牵头发布开源软件风险框架，联邦机构应据此定期开展安全评估，确保安全使用。CISA 围绕美国政府及各关键基础设施机构内使用的开源代码，创建一套风险框架。CISA 需要找到降低使用开源软件系统的风险的方法，并聘请经验丰富的开源专家，预防类似 Log4j 漏洞攻击事件的再次发生。CISA 还将评估关键基础设施所有者和运营商如何自愿使用相同的框架。这将确定在使用开源软件的系统中降低风险的方法。该立法还要求 CISA 聘请具有开发开源软件经验的专业人员确保政府和社区携手合作，并准备好应对 Log4j 漏洞攻击等事件。此外，该立法要求管理和预算办公室就开源软件的安全使用向联邦机构发布指导，并在 CISA 网络安全咨询委员会下设立软件安全小组委员会。据称，这项重要的立法将是美国有史以来第一次将开源软件列入公共基础设施。

除上述通用的政策与法律外，关于开源软件的出口管制规定在美国一直是一个热门议题。

虽然并非所有的开源基金会、开源社区管理的源代码都受到美国出口管制

---

① 参见中国信息通信研究院《全球开源生态研究报告（2022）》，2022 年 9 月。

② 参见郭雪、张一阳：《全球开源生态愈发成熟，助力数字经济快速发展》，载《通信世界》2022 年第 23 期。

法律的管辖，但几乎所有位于美国的国际开源组织或项目，都需要遵守美国的出口管制政策。GitHub、SourceForge 和 Google Code 三个代码托管平台均明确声明遵守美国《出口管理条例》（Export Administration Regulations，EAR），并且司法管辖权均在美国加利福尼亚州。

美国对于开源软件的管辖基于“已公开”或者“公开可获得”的概念。已公开的信息可以任意复制、传播，对于已公开的信息再进行管控是不可能做到的，因此立法者将已公开的信息排除出美国 EAR 的管辖范围，即根据 EAR 734.3（b）（3）规定，已公开的信息和软件不受 EAR 管辖。开源软件由于其源代码已经在互联网或者网络社区进行了公开，可以任意下载和传播，原则上开源软件应该不受 EAR 管辖。

在关于美国的开源软件是否受出口管制限制这一问题上，还有一个广为流传的观点，即软件的源代码因受到言论自由的保护而不被管制。根据 1995 年伯恩斯坦诉美国司法部案，软件源代码属于言论自由的范畴，不能被政府部门管制。但很少有人提到，该案的裁决未生效。因此，该案并非有法律效力的判例，不能简单地得出结论认为软件的源代码因受到言论自由的保护而不能被管制。所以实际上，软件的源代码只要没有实现“公开可获得”，仍然要受到 EAR 的管辖。

由于美国立法者认为加密技术有可能会被利用危害国家安全，美国的出口管制法对于软件的加密技术也十分重视，对包含加密功能的开源软件进行了特殊对待。如果含有加密功能的软件是美国开发的代码，或者是来源于美国管辖的开源社区，且按照功能性能被分类为 5D002，那么即使该软件的源代码已经在网络公开，这个软件仍然要受到 EAR 管辖。如果美国以外的人员想要下载和使用这个软件，则必须要获取出口授权。

美国对含有加密功能的软件的谨慎态度给软件开发者带来了诸多不便，所以商务部工业与安全局（Bureau of Industry and Security，BIS）提供了一个途径，来使这样的开源软件不受 EAR 管辖。软件提供方或者使用方可以将这类软件的源代码发往 BIS 和美国国家安全局（National Security Agency，NSA）的特定邮箱进行备案，备案后的软件就不再受 EAR 的管辖。如果软件的源代码变动频繁,软件提供方或者使用方也可以将下载该软件源代码的网址以及软件名称发送到BIS和NSA的特定邮箱进行备案,而无须重复性地不断发送备案变更的软件源代码。此外,来源于美国的含有加密功能的目标代码(源代码经过编译后形成机器码)也必须在将其对应的已公开源代码进行备案后,此目标代码才能不受EAR管辖。

综上所述,虽然开源基金会或组织、开源许可证和代码托管平台等都有各自的管理办法,受到的法律制约也不尽相同。但常见的开源许可证,如GPL、LGPL、BSD、MIT、Mozilla、Apache均未涉及与政府出口管制无关的声明。而且开源项目对于许可证条款的遵循与变更比较容易,所以在美国,开源软件相关的出口管制风险比较小。

第四节 新西兰开源政策及法律发展动态

《新西兰政府开放获取和许可——软件扩展》为新西兰各领域的机构提供了实现开源的方法。该政策推荐了一系列开放许可选项,制定了审核和发布流程,以指导软件商审核他们建议发布以供再利用的软件。政策还解释了与软件开源许可相关的法律和政策背景,并对操作步骤以及带来的好处进行了概述。由此推动了各领域机构作出具有法律效力且实际有用的决策,能够发布自己的源代码,以便其他人可以通过调整或修改源代码来构建自己的软件。

2013年,新西兰通过一项新法案,规定其国内电脑软件不能再申请专利保护。① 在新西兰以外,有很多其他国家也都对软件的专利申请有所限制,但这种限定都很抽象,缺乏明确的标准。例如,美国规定"抽象创意"不可申请专利保护;欧洲规定同类软件不可申请专利保护,以及"没有潜力在未来造成技术影响的软件"不可申请专利保护。

① 参见吴汉东:《计算机软件专利保护问题研究》,载《当代法学》2022年第3期。

废除软件的专利保护并不意味着软件开发者的知识产权能被任意侵犯，除专利法之外，还有许多法律能够保护知识产权所有者的权益。新西兰官方对外表示，废除软件专利保护的举措旨在化解专利权存在的一些负面因素，释放国内的科技创新，敦促市场孕育更加公平的竞争环境。

对于这项废除软件专利保护的法案，新西兰国内最大的软件出口商 Orion Health 表示支持。Orion Health 的 CEO Ian McCrae 表示，许多基本技术都已经申请了专利，由于害怕侵犯他人专利，此前的软件开发者即便清楚如何优化自己的软件也不敢下手，这无疑扭曲了行业的正常发展。

第五节　印度开源政策及法律发展动态

印度作为享誉世界的软件大国，其在信息时代前沿的发展上具有巨大潜力，一直以来十分注重推动数据的开源共享。印度政府很早就开始与美国政府合作，创立了印度开放政府平台（data. gov. in）以提高透明度，并且通过提供更多公众可用的政府数据、文件、工具和进程提高公民的参与度。

2015 年以来，印度政府宣布了一项新政策，要求政府的所有软件服务和应用都强制采用开源软件去构建，努力以可负担的成本确保效率、透明度和服务的可靠性。为了减少软件采购成本，这一政策完全鼓励开源软件的普及，不管是在电脑上还是在服务器站点上，明确要求所有政府和机构必须要求软件供应商在实现电子政务的应用程序和系统时考虑开源选项，且所有被采用的开源软件都将不受版权和软件更新的阻挠。印度政府说，这是他们的数字印度计划的一部分，即未来所有的电子政务项目都将采用 FOSS。

印度电子和信息技术部长 DeitY 申明，印度政府应当努力在各个政府部门所实施的电子政务系统中采用自由和开源软件，只要有可能就优先采用开源软件，仅在开源软件不能满足功能需求时才选择闭源软件。政府部门应确保遵循这一要求，并通过在软件能力、战略控制、可伸缩性、软件生命周期成本和支持需求等方面对开源软件和闭源软件进行比较作出决定。

印度政府机构因长期大量使用闭源软件,受供应商垄断困扰已久。这项政策被认为是开源运动的一大胜利,政策产生的根本原因在于开源技术能够提高效率同时极大降低了成本。随着这项政策的实施,开源软件很可能成为印度技术革命的驱动力。

第六节 欧盟开源政策及法律发展动态

欧盟各国政府促进开源发展的政策主要包括推动政府软件开源和公共数据开放、引导业界关注开源风险等。[①] 目前,欧盟委员会已经共享了数百个开源软件项目,包括为连接欧洲设施、欧盟统计局、欧洲互操作性计划以及联合研究中心开发的软件。

2000 年 12 月,欧盟委员会制定了一项使用开源软件的战略,该战略为在 UNIX 系统上推荐的 ApacheWeb 服务器的识别和使用创建了背景。2003 年 7 月,该战略的修订版被提交给技术信息学委员会(CTI),该战略推荐使用开源软件为欧盟的博客和公共论坛。

2004 年年底,欧盟委员会公布了由其完成的《开源软件许可协议研究报告》,报告强调当时的现存许可协议不能完全满足欧洲机构的要求。具体而言,问题包括:缺少适用法律和管辖权条款、担保和免责声明,著作权术语与欧洲惯例不符,以及不同语言版本的法律有效性等。因此,尽管存在大量的开源许可协议(超过 300 种),但欧盟委员会发现没有一种能与其发展规划完全相匹配,于是决定创建欧盟公共许可协议。2007 年发布了第一版许可协议,OSI 经审核认为该协议内容符合相关原则,2009 年认证其为“开放源代码”许可协议,现已被私营部门广泛使用。

① 参见隆云滔等:《国际开源发展经验及其对我国开源创新体系建设的启示》,载《中国科学院院刊》2021 年第 12 期。

2010 年年初,欧盟委员会对组织内的开源软件进行了评估,在前十年欧盟委员会使用开源软件的基础上对该战略进行修订。该战略的关键组成部分包括:委员会将继续通过产品管理程序采用开源技术和产品;委员会将在 IT 采购中考虑开源解决方案和专有解决方案;对于新信息系统的开发,开源将是首选;委员会将澄清开源的立场等。

据欧盟委员会“开源观测”项目 2020 年发布的分析报告,在过去的 20 年里,欧盟成员国(包括英国)针对开源软件出台了至少 75 份政策文件(如政府计划、战略文件等)和 25 份法律文件(如议会决议、法律、法规等)以推动开源发展。其中,有 25 份政策文件和 6 份法律文件专门针对开源软件而制定,其他文件则是在数字化议题中提到了开源。

2020 年 10 月 21 日,欧盟委员会发布了《开源软件战略 2020—2023》,提出鼓励和利用开源,促进软件解决方案、知识和专长的共享和重用,以提供更好的“欧洲服务”,降低社会成本并使民众受益。[①] 此外,欧盟曾发起开源软件审计项目改善关键开源软件的安全性,向 14 个基础设施级别开源项目提供“bug 悬赏”。

2021 年 12 月 9 日,欧盟委员会宣布通过了开源软件分发的新规则,称只要对公民、公司或其他公共服务有潜在好处,就可以公开访问其软件解决方案。此项举措旨在促进委员会在更短的时间内向公众提供软件源代码的公开访问,并减少文书工作。

规则表明,委员会将在一个单独的存储库中一站式提供其所有开源软件,以便访问和重复使用。每个软件在发布之前都将进行检查以避免与安全或保密相关的风险、数据保护问题或侵犯第三方知识产权。基于此项规则,许多问题得到了改进:在开源许可下传播软件将不再需要委员会的决定;在可能的情况下,委员会还将逐步审查在采用这些新规则之前开发的所有软件,确定其是否有可能为委员会之外带来价值;委员会现在允许其软件开发者为开源项目做出贡献,并将开发者对软件开发的改进视为其工作的一部分。

---

① 参见中国信息通信研究院《全球开源生态研究报告(2022)》,2022 年 9 月。

这些规则符合此前欧盟委员会发布的《开源软件战略 2020—2023》。战略发布之前，欧洲开放论坛曾向欧盟委员会提交过一份关于开源影响的研究报告，介绍了开源的巨大价值和潜力。报告基于对开源、经济所采集的数据指标，对开源软、硬件如何推动欧盟经济复苏、数字化转型、数字自治等进行了系统性研究。报告提到，针对开源软件的投资，平均可带来四倍的回报。仅 2018 年，欧盟各国政府和企业在开源开发方面的投资就已超过 10 亿欧元，对欧洲经济产生了 650 亿～950 亿欧元的积极影响。在全部贡献者中，个人贡献者至少有 26 万人，占 2018 年欧盟计算机编程部门近 310 万雇员的 8%。研究预测，如果欧盟的开源贡献增加 10%，该地区的 GDP 将增加 1000 亿欧元，是欧盟开源软件价值的两倍多。同时，每年还会新增 600 多家 ICT 初创公司。

《开源软件战略 2020—2023》以思考开放、转型、共享、贡献、安全、保持控制六项原则作为指导，提出了鼓励和利用开源力量的愿景，倡导利用开源的变革、创新和协作力量，促进软件解决方案和知识的共享和重用，以降低社会成本，实现欧盟委员会总体数字战略和数字欧洲计划目标。① 欧盟委员会为此加强了基于开源原则的工作文化，并设立了开源项目办公室、开源实验室，通过鼓励和促进内源等行动去实现战略目标。

该战略对欧盟未来开源软件的整体计划产生了影响。欧盟委员会预算和行政专员约翰内斯·哈恩（Johannes Hahn）评论道："开源可让欧盟在其发挥主导作用的领域提供巨大优势，而新规则有助于提升透明度，并帮助委员会和欧洲各地的公民、企业以及公共服务机构，使之能够从开源软件的开发过程中更加受益。"OSI 标准和政策总监 Simon Phipps 也说："开源许可是释放这些经济和社会效益的完美战略方法，我们祝贺委员会作出这一决定。"②

---

① 参见 Raghu Gagneja：《欧盟委员会采纳新规则推动开源软件发展》，载 JURIST 2021 年 12 月 10 日，https://www. jurist. org/news/2021/12/eu-commission-adopts-new-rules-for-open-source-software-distribution/。

② 《欧盟委员会关于开源影响的研究报告的出版》，载 OpenForumEurope 2021 年 9 月 6 日，https://openforumeurope. org/publication-of-the-european-commissions-study-on-the-impact-of-open-source/。

第九章　开源常见问答实务

1. 常见开源许可证的积极义务有哪些？

常见开源许可证的积极义务主要分为互惠（Copyleft）义务和通知（Notice）义务两大类。其中，互惠义务是对分发衍生作品时必须使用指定许可证发布的限制，在宽松型许可证中通常不会出现；而通知义务的分布则十分广泛，几乎所有开源许可证都规定了一些通知义务（除了声明 Public Domain 或以 CCO－1.0 发布的项目，以及诸如 WTFPL 的一些非主流许可证之外）。

2. 开源义务常见触发条件有哪些？

“分发”是一个典型的触发公开源代码义务的条件。以 GPL 为例，只有涉及分发，才需要履行对外开源的义务，如果只是单纯地使用，而不分发给他人，则无须开源。

3. 开源范围怎么界定？

由于不同类型的许可证的规定不同，开源范围分为软件部分开源和全部开源。以 GPL－2.0 为例，在需要开源的情况下，开源的范围一般要求是整个作品。但存在以下两种特殊情况：（1）仅将不是基于源代码的其他作品与源代码（或其衍生作品）一起放在同一介质存储或分发媒介上，此时非基于源代码的其他作品不适用 GPL－2.0 协议，无须开源；（2）如果作品的可识别部分不是来自源代码，并且可以合理地认为其本身是独立的和单独的作品，当把这些部分作为单独的作品分发时，GPL－2.0 及其条款就不适用于这些部分。

4. 开源对象怎么界定？

开源软件的使用方面临开源义务时，接收源代码的对象可以分为面向某个特定个体、某个群体，或面向整个社会开源。

5. 开源方式常见类型有哪些?

实务中,常见的开源方式有:在开源社区网站公开源代码、在某个公开的网站公开源代码、单独给接收方源代码、公布可以获取源代码的方式和途径等,但采取何种方式还需考虑不同开源许可证的要求。

6. 开源软件的版权方是谁?

开源软件的版权方即拥有开源软件著作权的人,一般是开源软件作者或权利人。在共创作品中,一般而言,除了开源软件原始作者外,其他参与开源软件的贡献者,在法律上通常不被认为是开源软件的著作权所有人(根据个案具体判断)。

7. 开源软件常见限制情形有哪些?

开源许可证中常见的对使用者的限制情形包括引用、修改、衍生、商标、发布等。以 GPL-2.0 对发布的说明为例,要求:(1)所有以 GPL-2.0 发布的源代码的衍生,也必须按照 GPL-2.0 发布;(2)不论以何种形式发布,都必须同时附上源代码;(3)确保软件自始至终都以开放源代码形式发布,保护开发成果不被窃取用作商业发售。

8. 能否举例说明开源许可证的"展示"规范?

以 BSD 为例,再发布时,许可证需参照以下要求进行展示:(1)如再发布的产品是源代码,源代码中必须包含原始版权和许可声明;(2)如再发布产品是二进制形式,在其文档和版权声明中要包含原始版权和许可声明。

9. 什么是开源软件?

开源软件是一种受到著作权保护的,并且利用著作权、知识产权机制,保证其自由修改、发行、使用和创作衍生作品的软件,因而使用开源软件必须遵守该开源软件所对应的开源软件许可证。

10. 开源许可证有哪些种类?

目前,国际公认的开源许可证共有 80 多种。它们的共同特征是,都允许用户免费地使用、修改、共享源码,但是都有各自的使用条件。如果某一种开源许可证没有任何使用条件,连保留作者信息都不需要,那么就等同于放弃版权。这时，软件可以直接声明进入“公共领域”。根据使用条件的不同，开源许可证分成宽松型许可证和著佐权型许可证两大类。

11. 典型的宽松型许可证及其特点？

宽松型许可证是最基本的许可证类型，对用户几乎没有限制。用户可以修改代码后闭源。常见的宽松型许可证有四种，它们都允许用户任意使用代码，区别在于要求用户遵守的条件不同。

BSD－2.0 要求分发软件时，必须保留原始的许可证声明；BSD－3.0 要求分发软件时，必须保留原始的许可证声明，不得使用原始作者的名字为软件促销；MIT 要求分发软件时，必须保留原始的许可证声明，与 BSD－2.0 基本一致；Apache－2.0 要求分发软件时，必须保留原始的许可证声明。凡是修改过的文件，必须向用户说明该文件修改过；没有修改过的文件，必须保持许可证不变。

宽松型许可证有三个基本特点：(1)没有使用限制，用户可以使用代码做任何想做的事情；(2)不保证代码质量，用户自担风险；(3)用户必须披露原始作者。

12. 什么是著佐权型许可证？

著佐权型许可证执行与版权相反，它强制执行使用、修改和重新分发任何具有著佐权型许可证(如 GPL)的源代码的权利。

13. 典型的著佐权型许可证及其特点？

Copyleft 是 Copyright 的反义词。Copyright 直译是“复制权”，这是版权制度的核心，意为不经许可，用户无权复制。作为反义词，Copyleft 的含义是不经许可，用户可以随意复制，但是它带有前提条件，比宽松型许可证的限制要多，包括：(1)如果分发二进制格式，必须提供源代码；(2)修改后的源代码，必须与修改前保持一致；(3)不得在原始许可证以外，附加其他限制。上面三个条件的核心就是：修改后的著佐权型代码不得闭源。

常见的著佐权型许可证也有四种：AGPL 要求如果云服务(SaaS)用到的代码是该许可证，那么云服务的代码也必须开源；GPL 要求如果项目包含了 GPL 的代码，那么整个项目都必须使用 GPL；LGPL 要求如果项目采用动态链接调用该许可证的库，项目可以不用开源；MPL 要求只要该许可证的代码在单独的文件中,新增的其他文件可以不用开源。

14. 开源许可证是免费软件吗?

开源软件并非就意味着是免费软件,使用者对开源软件的使用自由是有一定限制的。开源软件与免费软件的区别是,免费软件是提供软件让用户免费使用,但并不一定提供源代码,而在用户免费使用软件的过程中,往往会有其他的增值服务使得免费软件发布者获得利益。而开源软件是在开源许可证下让用户使用源代码的一种场景,它会公开源代码,让用户免费修改与再发布,但是并不排除商业收费。

重要的是,开源软件并不意味着完全免费、自由地使用。例如,在某计算机软件著作权纠纷案中,法院仍认为,使用开源软件开发的被诉商业软件未公开源代码,违反开源许可协议,此行为侵犯了涉案软件著作权,最终判赔 50 万元。

15. 开源软件可以随意使用吗?

开源软件都有著作权,且受著作权法保护。开源软件并不是公有领域的软件,不可以任意使用,不加限制地使用、售卖开源软件可能存在法律风险。

开源软件的著作权人通过许可协议将软件的复制权、修改权、发行权等部分权利让渡给被许可人,被许可人只有在遵从协议规定的前提下才可以行使这些权利;否则,没有按协议规定使用,被许可人会面临著作权侵权风险。

16. 没有许可证的软件可以直接当作开源软件使用吗?

版权法默认禁止共享。也就是说,没有许可证的软件就等同于保留版权。虽然软件开源了,但用户只能查看源代码,不能使用,一使用就会侵犯版权,所以软件开源必须明确地授予用户开源许可证。

17. 什么是合理使用?

合理使用是指为了用以学习和研究软件内含的设计思想和原理,通过安装、显示、传输或者存储软件等方式使用软件的,可以不经软件著作权人许可,并不支付报酬。① 但如果是商业性的使用则不在此限。

---

① 参见吕国强主编:《网络与软件案例精选》,上海人民出版社 2003 年版。

18. 什么是公示开源?

通常理解,公示是指通过张贴等方式达到告知的目的。公示开源时要结合开源许可证规定的具体义务,判定公示对象是个人、群体还是全社会,以及公示的方式。

19. 什么是开源软件声明?

开源软件声明是软件开发者在开源软件中作出的法律声明,包括权利主体、引用方式、使用者须履行的义务等。

20. 云服务不算"分发",所以修改后是否可以不开源?

云服务(SaaS)确实是一个比较特殊的场景,一般来讲,云服务不构成"分发",因此在使用开源软件提供云服务时,一般不必提供源代码。

但是,值得注意的是,一些传染性较强的开源许可证可能会有更加严格的规定。例如,AGPL-3.0 规定当软件使用者/开发者使用 AGPL-3.0 授权的开源软件进行修改并用于提供云服务时,软件使用者/开发者也需要提供源代码。

21. 参与了开源贡献是否就意味着拥有开源项目的知识产权?

首先需要明确,开源涉及的知识产权主要包括著作权、专利权、商标权以及商业秘密,其中比较容易引发困惑的主要是著作权。就著作权而言,因为开源软件通常是由个人或一群彼此之间没有正式联系的开发者共同完成的,每个开源软件的开发者都是该开源软件的贡献者。但除了开源软件原始作者外,其他参与开源软件的贡献者,在法律上通常不被认为是开源软件的著作权所有人(根据个案具体判断)。

22. 从 GitHub 上下载的开源软件,这么多企业和个人都在用,肯定是安全的吧?

开源软件不一定是安全的。实际上,开源软件的安全漏洞比较严重,越是有影响力的开源项目可能面临越多的安全问题。如果使用或引入的开源软件存有恶意代码、病毒或造成隐私泄露,将对个人或企业带来危害。

23. 开源软件的专利如何处理?

某些许可证(如 Apache-2.0 和 GPL-3.0)包含明确的条款,授予用户许可,使用软件所包含的所有专利。另一些许可证(如 BSD、MIT 和 GPL-2.0)根本没提到专利。但是一般认为,它们默认给予用户专利许可,用户使用不构成侵犯专利。

总体来说,除非有明确的"保留专利"条款,使用开源软件一般不会构成侵犯专利。

24. 什么是开源软件披露要求?

所有的开源许可证都带有"披露要求",即要求软件的分发者必须向用户披露,软件里面必须包含开源代码。

一般来说,只要在软件里面提供完整的原始许可证文本,并且披露原始作者,即认为满足了"披露要求"。

25. 什么是衍生作品?

以 EPL 举例说明,如果复制了 EPL 许可的代码并对其进行了一些小的修改,这就是衍生作品。但是,如果完全使用自己的代码编写了自己的 Eclipse 平台插件来实现当前 Eclipse 中没有的功能,或仅与 Eclipse 平台插件 API 接口或互操作(未经修改),则不会使 Eclipse 平台插件成为衍生作品。介于这两个极端之间的情况需要具体分析。

26. 什么是"通过计算机网络和该软件远程交互"?

以 AGPL-3.0 举例说明,如果程序的设计明显是通过网络接收用户请求和发送回复,那么该程序就符合远程交互的判定条件。符合此类条件的常见程序包括网络服务器、邮件服务器、交互式网络应用程序以及在线游戏的服务器。如果程序的设计不是明显地通过网络来和用户交互,但是该程序碰巧运行在一个需要网络交互的环境下,那么它不能算是远程交互程序。

附录一

开源相关清单/图表索引

附件一:许可证类型介绍表

<table>
<tr><th>名称</th><th>共性</th><th>特征</th><th>典型许可证</th></tr>
<tr><td>宽松型
开源许可证
(Permissive License)</td><td rowspan="4">1. 开源软件的作者或版权持有人的姓名或名称应当标记。
2. 使用者应明确表明所使用的开源协议,对许可证全文或相关链接进行保留。
3. 赋予私人使用权。
4. 赋予商业使用权。
5. 赋予修改及修改后再发布的权利。
6. 对于软件使用后的风险及产生的后果,开源软件的作者或版权持有人不予承担</td><td>最基本的许可证类型,用户可以修改代码后闭源。
三个基本特点:
1. 不对用户使用代码进行约束;
2. 代码的质量不能得到保障,风险由使用者自行承担;
3. 用户必须披露原始作者</td><td>MIT、BSD(常见 BSD - 2.0 和 BSD - 3.0)、Apache - 2.0</td></tr>
<tr><td>弱传染型
开源许可证
(Weak Copyleft License)</td><td>可以进行开源代码修改或者进行衍生,不要求对修改后的代码开源,但需要将源代码依照许可证开源,保证其他人在许可证下共享源代码</td><td>LGPL - 2.1、LGPL - 3.0、MPL - 2.0、CDDL - 1.0、EPL - 1.0</td></tr>
<tr><td>传染型
开源许可证
(Copyleft License)</td><td>明确要求修改版本必须以同一许可证发布,如果一个软件包含该许可证下部分代码,那么当该软件完全发布时必须整体适用该许可证</td><td>GPL</td></tr>
<tr><td>强传染型
开源许可证
(Strong Copyleft License)</td><td>相较于一般的传染型开源协议,体现出了更加强烈的传染性。
首先,软件本身必须开源;其次,与其有链接关系的代码都必须对外开源,即与该软件在同一进程中运行的代码都必须开源</td><td>AGPL - 3.0</td></tr>
</table>

附件二:常见开源许可证重点条款指引表

许可证名称	类型	再发布或修改后再发布是否必须包含原始代码	修改后是否必须附加修改说明文档	修改后是否需要以同样的开源许可证再发布	是否允许转授开源许可证授权	是否允许专利授权	是否有专利报复性条款	新增代码是否采用同样许可证	注意事项
AGPL - 3.0	强传染型	√	√	√	×	√	√	—	1. 即使是自己使用开源软件,但如果用来提供云服务,那么云服务的代码也必须全部免费开源。 2. 再发布时要附开源许可证和版权声明。 3. 再发布时要注明修改人、修改内容和修改时间

续表

许可证名称	类型	再发布或修改后再发布是否必须包含原始代码	修改后是否必须附加修改说明文档	修改后是否需要以同样的开源许可证再发布	是否允许转授开源许可证授权	是否允许专利授权	是否有专利报复性条款	新增代码是否采用同样许可证	注意事项
GPL－2.0	传染型	√	√	—	—	×	×	√	1. 修改代码之后必须把修改后的源代码开放。 2. 要附开源许可证和版权声明。 3. 要注明修改人、修改内容和修改时间等。 4. 所有以 GPL－2.0 发布的源代码的衍生，也必须按照 GPL－2.0 发布。 5. 不论以何种形式发布，都必须同时附上源代码。 6. 确保软件自始至终都以开放源代码形式发布，保护开发成果不被窃取用作商业发售
GPL－3.0		√	√	—	—	√	√	√	1. 修改后需要公布修改的源代码和相关硬件。 2. 仅在通过物理媒介进行二进制形式分发时才可适用书面要约，在网络分发时必须直接附带免费的下载方式

续表

许可证名称	类型	再发布或修改后再发布是否必须包含原始代码	修改后是否必须附加修改说明文档	修改后是否需要以同样的开源许可证再发布	是否允许转授开源许可证授权	是否允许专利授权	是否有专利报复性条款	新增代码是否采用同样许可证	注意事项
MPL - 1.1	弱传染型	√	√	√	√	√	√	—	—
MPL - 2.0		√	√	×	√	√	√	—	1. MPL 许可的软件以内嵌方式嵌入另一个软件时,整个作品必须根据 MPL 规则向任何第三方开源。 2. 在商业软件中,如果含有 MPL 许可证的代码在单独的文件内,其他新增的文件就可以避免开源。 3. 所有再发布者需要有一个专门的文件对源代码程序修改的时间和修改的方式进行描述
LGPL - 2.1		√	√	√	—	×	×	—	1. 再分发时要附开源许可证和版权声明,要注明修改人、修改内容和修改时间等。 2. 如果修改 LGPL - 2.1 的代码或者衍生,则所有修改的代码、涉及修改部分的额外代码和衍生的代码都必须采用 LGPL - 2.1。 3. 通过类库引用的方式使用开源软件可以不开源

续表

许可证名称	类型	再发布或修改后再发布是否必须包含原始代码	修改后是否必须附加修改说明文档	修改后是否需要以同样的开源许可证再发布	是否允许转授开源许可证授权	是否允许专利授权	是否有专利报复性条款	新增代码是否采用同样许可证	注意事项
LGPL－3.0	弱传染型	√	√	√	—	√	√	—	1. 对于修改采用 LGPL 协议的开源软件所得的软件或者衍生品，涉及修改部分的额外代码和衍生的代码都必须采用 LGPL 协议。 2. 修改后需要公布修改的源代码和相关硬件
EPL－1.0		√	—	×	√	√	√	—	1. 将源代码的整体或部分再次开源发布的时候，必须遵循 EPL－1.0，而不能改用其他开源许可证发布，除非你得到了原“源代码”拥有者的授权。 2. 将 EPL－1.0 下的源代码作为一部分跟其他私有的源代码混和成为一个 Project 发布的时候，可以将整个 Project/Product 以私人的许可证发布，但要声明哪一部分代码是 EPL－1.0 下的，而且声明该部分代码继续遵循 EPL－1.0。 3. 独立的模块不需要开源
EPL－2.0		—	—	—	—	√	√	—	—
CDDL－1.1		—	√	—	—	√	√	—	—

续表

许可证名称	类型	再发布或修改后再发布是否必须包含原始代码	修改后是否必须附加修改说明文档	修改后是否需要以同样的开源许可证再发布	是否允许转授开源许可证授权	是否允许专利授权	是否有专利报复性条款	新增代码是否采用同样许可证	注意事项
CDDL－1.0	弱传染型	—	√	—	—	√	√	—	—
CPL－1.0	弱传染型	—	—	—	—	√	√	—	—
Apache－2.0	宽松型	×	√	×	√	√	√	—	1. 修改后再发布时要注明修改人、修改内容和修改时间等。 2. 要附开源许可证和版权声明。 3. 没有修改过的文件，必须保持许可证不变。 4. 凡是修改过的文件，必须向用户说明该文件修改过。 5. 在修改和有源代码衍生的代码中，需要带有原来代码中的协议、商标、专利声明和其他原来作者规定需要包含的说明。 6. 如果再发布的产品中包含一个 NOTICE 文件，则在 NOTICE 文件中需要带有 Apache－2.0 许可证。可以在 NOTICE 文件中增加自己的许可，但不可以表现为对 Apache－2.0 许可证构成更改。

续表

许可证名称	类型	再发布或修改后再发布是否必须包含原始代码	修改后是否必须附加修改说明文档	修改后是否需要以同样的开源许可证再发布	是否允许转授开源许可证授权	是否允许专利授权	是否有专利报复性条款	新增代码是否采用同样许可证	注意事项
Apache - 2.0	宽松型								7. 禁止将名称“Apache”用于衍生产品,或表示对衍生产品的认同。禁止以任何声明或暗示基金会认可你的分发版本或创建 Apache 软件的形式下使用 Apache 软件基金会拥有的标志
Apache - 1.1		×	×	—	×	×	—	—	1. 标明开源软件的版权声明、协议条件和免责声明。 2. 如果再分发材料包含最终用户的登记文件,还必须包含下列认可声明:“本产品包含由 APACHE 集团开发的软件。” 3. 使用了开源软件的广告材料,再分发材料中的用户登记文档中要放置归属声明,或者在能够展示第三方认可声明的软件中直接展示声明

续表

许可证名称	类型	再发布或修改后再发布是否必须包含原始代码	修改后是否必须附加修改说明文档	修改后是否需要以同样的开源许可证再发布	是否允许转授开源许可证授权	是否允许专利授权	是否有专利报复性条款	新增代码是否采用同样许可证	注意事项
BSD	宽松型	×	×	—	×	×	—	—	1. 如果分发的产品是源代码,源代码中必须包含原始版权和许可声明。 2. 如果分发的产品是二进制形式,则需要在其文档和版权声明中包含原始版权和许可声明。 3. 未经事前书面许可,不得使用原作者/机构的名字和原产品名字进行衍生产品的推广
BSD－2.0		—	—	×	—	×	×	—	—
BSD－3.0		—	—	×	—	×	×	—	未经事前书面许可,不得使用原作者/机构的名字和原产品名字进行衍生产品的推广
BSD－4.0		—	—	—	—	×	×	—	—
MIT		×	×	×	√	×	×	—	1. 如果分发的产品是源代码,源代码中必须包含原始版权和许可声明。 2. 如果分发的产品是二进制形式,则需要在其文档和版权声明中包含原始版权和许可声明

续表

许可证名称	类型	再发布或修改后再发布是否必须包含原始代码	修改后是否必须附加修改说明文档	修改后是否需要以同样的开源许可证再发布	是否允许转授开源许可证授权	是否允许专利授权	是否有专利报复性条款	新增代码是否采用同样许可证	注意事项
AFL - 3.0	宽松型	√	—	—	—	√	√	—	—
Artistic - 2.0		—	—	—	—	√	√	×	—
OLDAP - 2.8		√	—	—	—	×	—	—	—
SSPL	—	√	√	—	—	√	√	√	SSPL 规定以服务形式分发时必须提供一整套的源代码,包括 SSPL 的源码和相关软件的源码(管理软件、用户界面、应用程序接口等)
WTFPL	—	—	—	—	—	√	√	—	—

附件三:国内外开源组织与社区查询表

性质	名称	简介
国内开源基金会	开放原子开源基金会	是目前国内领先的开源软件基金会,致力于开源产业公益事业。服务范围包括开源软件、开源硬件、开源芯片及开源内容等,为各类开源项目提供中立的知识产权托管,通过开放治理寻求更丰富的社区资源的支持与帮助,包括募集并管理资金,提供法律、财务等专业支持
国内开源协会	中国开源工业 PaaS 协会	以工业 PaaS 技术创新和产业发展为导向,围绕工业 PaaS 价值链,运用市场机制集聚创新资源,实现企业、大学和科研机构等在战略层面有效结合,共同推动中国开源工业 PaaS 事业发展
国内开源协会	中国开源软件推进联盟	由致力于开源软件文化、技术、产业、教学、应用、行业协会、支撑机构等组织自愿组成的、民主议事的民间行业联合体和非独立社团法人组织,旨在推动中国开源软件(Linux/OSS)的发展和应用
国内开源协会	武汉自由软件协会	国内最早建设的也是规模最大的开源软件协作开发平台之一,致力于开源协作开发平台的建设
国内开源协会	中国计算机行业协会开源数据库专业委员会	是计算机行业协会的下设分支机构。联合从事数据库领域的软硬件产品企业、应用企业、投资机构、高校院所、地方发展机构、社团组织、行业用户,专注于推动我国数据库产业创新发展,搭建数据库产业创新合作与对接平台,整合技术、资金、人才等产业资源
国内开源社区	共创软件联盟	由工业和信息化部软件与集成电路促进中心创办的一家非营利性质的公益网站。社区提供了论坛、协同开发、软件资源库、资源黄页等资源
国内开源社区	开源中国社区	中国开源模式的缔造者,是我国院校资源实力强劲、影响力领先的开源社团组织,其主张软件自主创新
国内开源社区	木兰开源社区	由中国电子技术标准化研究院牵头,联合北京大学、国防科技大学、联想、腾讯云,以及开源中国、北京航空航天大学、中国科学院软件研究所等共 16 家单位。旨在促进产学研用各方开源领域的交流,同时为各类开源项目提供中立托管

续表

性质	名称	简介
国内开源社区	开源社	由 CSDN、GitCafe、GNOME. Asia、微软开放技术公司、优麒麟社区联合创建，旨在共创健康可持续发展的开源生态，推动中国开源社区成为全球开源体系的积极参与及贡献者
	TiDB 社区	是 PingCAP 打造的国内第一个 NewSQL 开源项目，由 TiDB 生态中的开发者、用户、合作伙伴一起建立的分享、学习平台。社区开源体系分为全方位的开源运营、混合生态以及长期战略三大层次
	开源无线网络社区	包含端到端开源软硬件及示范用例的开源无线社区。其孵化了遵循 3GPP 标准的系列开源软件及硬件项目 OpenXG，发布了包括核心网、基站和终端在内多项开源项目
	优麒麟开源社区	由麒麟软件有限公司主导开发的全球开源项目，专注于研发友好易用、简单轻松的桌面环境，致力于为全球用户带来更智能的用户体验，成为 Linux 开源桌面操作系统新领航
	龙蜥操作系统开源社区	是一个操作系统开源社区及创新平台，由国内外领先操作系统、芯片、云计算公司共同发起
	OpenI 启智社区	由新一代人工智能产业技术创新战略联盟（AITISA）组织产学研用协作共建共享的开源平台与社区，已形成了与国际顶级开源组织接轨的治理体系，并涵盖协同开发、代码托管、数据分享、技术实训等多个子系统的一体化支撑服务环境
	飞桨（Paddle Paddle）	以百度多年的深度学习技术研究和业务应用为基础，集深度学习核心框架、基础模型库、端到端开发套件、工具组件和服务平台于一体，致力于提供丰富的官方支持模型集合，并推出全类型的高性能部署和集成方案供开发者使用
	openGauss	一个能够融合多元化技术架构的企业级开源数据库社区，其内核源自 PostgreSQL
	代码分析实验室	由工业和信息化部电子知识产权中心建设。具体业务包括企业源代码溯源分析、开源代码检测、开源许可协议合规分析、开源软件项目知识产权风险评估、企业开源风险防控体系建设、企业知识产权合规管理方案建设、开源知识产权风险相关培训等
	Linux 中国	广大的 Linux 爱好者自发建立的，其宗旨是给所有爱好 Linux、开源技术的朋友提供一个自由、开放、平等、免费的交流空间

续表

性质	名称	简介
国内开源社区	红旗 Linux 技术社区	为了让更多的用户通过技术社区得到更好的用户体验而创立,其注册人数众多,发挥了促进产品技术创新和广泛吸引用户的作用
	PHPChina	一个以 PHP 为中心,面向软件开发者、程序爱好者的开源技术网站及交流社区。它是 Zend 中国技术支持中心的官方社区,更是中国每个 PHP 程序员自己的开源社区
	兰大开源社区	是兰州大学校内开源爱好者自发建立并由兰大分布与嵌入式系统实验室支持的组织,旨在学习和研究开源软件技术,宣传和推广开源软件的应用和开发,营造良好的计算机技术学习氛围
国外开源基金会	自由软件基金会(FSF)	由理查德·斯托曼于 1985 年创立的一个非营利组织,其主要工作是运行 GNU 计划,使命是促进计算机用户的自由
	Apache 软件基金会(ASF)	Apache 软件基金会正式创建于 1999 年,其前身是由一群开发爱好者组成的 Apache Group,托管于 ASF 的项目均遵循 Apache 许可证
	Linux 基金会(LF)	Linux 基金会成立于 2000 年。它通过提供开放源代码所需的统一资源和服务,与封闭平台能成功地竞争,从而促进、保护和标准化 Linux
	GNOME 基金会	GNOME 基金会是一个成立于 2010 年的非营利组织,负责协调 GNOME 项目的各项工作。GNOME 基金会致力于创建一个基于自由著作权协议的计算机平台
	Mozilla 基金会	为支持和领导开放源代码项目而设立的一个非营利组织。该组织制定管理开发政策,经营关键基础组织和管理商标及知识产权
	Eclipse 基金会	由 Eclipse 联盟于 2004 年发起成立的,由包括开发者、消费者和插件提供商在内的各独立团体组成董事会管理和领导 Eclipse 项目,并为 Eclipse 的长期发展负责
	Blender 基金会	成立于 2006 年,是一个为持续开发 Blender 而创建的非营利性组织。组织的创建是为了能雇用 Blender 原始作者 Ton Roosendaal 全身心地投入 Blender 的开发领导中,并维护整个软件的开发和分发工作积极有效

续表

性质	名称	简介
国外开源基金会	NET 基金会	由微软公司赞助于 2014 年成立,是一个独立的自由软件组织,其宗旨在于推进与维护微软公司开放源代码后的 NET 框架
	云原生计算基金会(CNCF)	成立于 2015 年的厂商中立基金会,其口号是坚持和整合开源技术来让编排容器作为微服务架构的一部分
	超级账本(HyperLedger)	成立于 2015 年,旨在推进跨行业区块链技术。它是一个全球跨行业领导者的合作项目,包括金融、银行、物联网、供应链、制造和技术领域
	RISC-V 基金会	创建于 2015 年,旨在推广 RISC-V 开源指令集架构。目前 RISC-V International 已经与十余个来自不同国家和地区的行业组织建立了联盟
	OpenJS 基金会	2019 年成立,其使命是通过提供一个中立的组织来主导项目并共同赞助对整个生态有益的活动,进而促进 JavaScript 和 Web 生态的健康发展
	TARS 基金会	2020 年成立,其致力于建立一个中立、强大和多元化的微服务生态系统。它旨在解决多编程语言的互通、数据传输、数据存储一致性问题,并在支持海量请求的同时保证高性能
	SODA 基金会	成立于 2020 年 6 月,旨在建立一个开源数据与存储自治管理的软件生态系统,是一个跨项目协作以及帮助终端用户构建解决方案的中立论坛
	Rust 基金会	2021 年成立,它是一个独立的非营利组织,负责管理 Rust 编程语言和生态,并特别注重为治理和开发该项目的维护人员提供支持
	开源基础设施基金会(OIF)	由 OpenStack 基金会演进而来,专注于构建可应用于全球生产实践的软件,满足实际生产应用中的各类需求

续表

性质	名称	简介
国外开源社区	Stack Overflow	Stack Overflow 是一个程式设计领域的问答网站，隶属于 Stack Exchange Network
	GitHub	GitHub 是一个在线软件源代码托管服务平台，使用 Git 作为版本控制软件，由开发者使用 Ruby on Rails 编写而成
	Toptal	Toptal 是一个顶级自由开发者和编码员市场，目前已在百余个国家开展业务，是一个有许多远程自由职业者开发人员的精英网络
	Reddit	Reddit 是一个娱乐、社交及新闻网站，注册用户可以在网站上发布文章或链接，从而使它基本上成了一个电子布告栏系统
	Web Developers	Web Developers 主要面向初学者，非常易于使用，在许多主题上托管各种论坛，如 Ruby 和 SQL 到 CS 和 HTML。导航涵盖了从客户端开发到服务器端开发和站点管理的各种问题
	Hacker News	Hacker News 是一家关于计算机黑客和创业公司的社会化新闻网站，由 Paul Graham 的创业孵化器 Y Combinator 创建。用户通过 Hacker News 的搜索引擎或浏览排序列表可以很方便地找到流行的趋势内容
	SitePoint	SitePoint 社区论坛是在线开发社区和程序员设计师家园之一，以帮助初学者了解其选择的编程语言和技术，并以相应的提高为目标
	CodeProject	CodeProject 是最大的开发人员社区之一，拥有超过 1400 万软件开发人员，他们的共同目标是学习、教学和娱乐
	Treehouse	Treehouse 是初学者和专业设计者的天堂，提供多元化资源供学习者学习。使用者还可以通过注册 Treehouse 并订阅的方式，经济实惠地学习编程
	DZone	DZone 是一个和 IT 新闻形式相似的编程社区，用户可以在此共享最新的 IT 新闻和编程资源，并且有专门的内容管理员对作品品质进行把关
	Bytes	Bytes 又称“字节”，是一个由新手和专家组成的传统社区，提供可以参与有关软件开发、数据库开发以及网络、系统和数据库管理的讨论场所

续表

性质	名称	简介
国外开源社区	DaniWeb	DaniWeb 是一个适合所有年龄段网络开发人员和程序员的高质量问答平台，在寻找与网络和软件开发、硬件修补、营销和商业创意相关的答案和资源方面具有强大的优势
	Dream In Code	Dream In Code 是一个由数十万名成员组成的社区，他们以问答的形式汇集了数百万个帖子，最受关注的语言包括 Java、C ++ 、VB. NET 等
	Lobsters	Lobsters 是一个用户邀请制的开发社区，也是一个真正面向社交的社区，涵盖了许多与编程相关的话题，软件开发者被欢迎参与讨论或分享自己的想法

后　记

随着开源软件的普及和应用,企业需要更加注重软件来源和合规性的管理,以确保企业的商业利益和知识产权安全。我们希望通过本书,帮助读者了解开源软件的使用和管理规范,掌握开源软件的许可和授权要求,以及如何应对开源软件的侵权和维权问题。

同时,我们也意识到开源软件法律合规是一个不断发展和变化的领域,因此本书如有错误不当之处,欢迎与我们联系指正,不胜感激。

最后,感谢所有为本书编写和出版做出贡献的人。在此特别感谢周一琼、陈元玲、王婧怡等人对本书的帮助。感谢各位读者的支持和关注,我们相信本书将为您在开源软件法律合规方面提供有益的帮助。

李 华

盈科律师事务所创始合伙人、盈科全国业务指导委员会主任。

李华律师作为盈科全国业务指导委员会主任，负责盈科体系内的专业化建设，带领盈科律师，构建出完整的专业化法律服务体系，包括研究院、专业委员会及综合性法律中心，推动盈科律师专业化的法律服务，以适应法律服务市场不断细分的需要。在此基础上，通过集成各专业委员会纵深化的法律服务能力为客户提供综合性的法律服务。

曾荣获全国律师行业优秀党员律师、北京市优秀律师、朝阳区优秀律师、朝阳区首届优秀女律师、朝阳区优秀党员的荣誉称号，钱伯斯《大中华区指南2023》TMT：数据保护&隐私领域上榜律师。

郭卫红

盈科全球数据合规服务中心主任、盈科全球ESG中心数据合规分中心主任、盈科上海数据合规法律服务团队负责人、盈科上海管委会委员。郭律师毕业于西南政法大学，具有海外留学背景，能够使用普通话、英语、日语、闽南语作为工作语言。同时担任国家市场监督管理总局发展研究中心反垄断领域外聘专家、复旦大学法学院实务课程导师、中国网络安全审查技术与认证中心CCRC-DSO数据安全官认证项目授课讲师。曾任上市互联网集团合规法务，担任律师期间为数十家国央企、外企、头部互联网及行业独角兽企业提供数据合规、数据出境、开源治理、爬虫合规与平台合规的法律服务及安全技术综合解决方案，具有丰富甲乙方合规落地经验及全球视野合规经验。曾发表《中国个人信息出境标准合同白皮书（中英）》（总主编）、《开源软件风险分析及合规建议书》、《开源软件法律分析报告》、《开源软件应用报告》、《开源软件合规指引》等专业报告。

姜斯勇

盈科上海数据合规法律服务团队执行负责人，中国法学会会员，毕业于福州大学，是国内较早深耕于数据领域的专业律师，擅长为互联网、大数据、人工智能等数字经济领域的公司提供数据合规、商业模式合规与数据安全治理方案，能够结合商业思维，为客户提供前瞻性、创造性的合规方案，具有服务大型企业的丰富经验。在专业研究领域曾发表《数据产权：互联网下半场不容回避的竞争焦点》（腾讯研究院）、《全球视野下的数据跨境流动合规》等专业文章，并参著书籍《企业数据合规：基础实务与专题指南》。

葛若芸

盈科上海数据合规法律服务团队律师，毕业于华东理工大学、英国伦敦大学学院LLM，擅长开源合规与数据合规。